JN086886

社外監査役の手引き
〔第2版〕

野口葉子 *Yoko Noguchi* 春馬 学 *Manabu Haruma* 花村総一郎 *Soichiro Hanamura* 【編著】

商事法務

第 2 版はしがき

　本書の初版の出版から 6 年が経過しましたが、この間に令和元年改正会社法とそれに伴う改正会社法施行規則等が施行されました。また、コーポレートガバナンス・コードについては、2018 年と 2021 年の 2 度にわたって改訂がなされています。さらに、日本監査役協会が公表している「監査役監査基準」、「内部統制システムに係る監査の実施基準」、「監査役会規則（ひな型）」、「会計監査人との連携に関する実務指針」等、その他様々な指針等も改定されています。

　また、このような法令や指針等の改定にとどまらず、コロナ禍により取締役会・監査役会に直接参加することさえ難しく、実地調査や面談によるヒアリングが困難な時期もありました。

　このように、この数年間において、監査役を取り巻く環境は大きく変化しております。

　そこで第 2 版では、会社法や会社法施行規則等の法令等の改正やコーポレートガバナンス・コード改訂、各指針等の改定項目のうち、主に社外監査役に関連する箇所について加筆・修正するとともに、コロナ禍以降各社で導入が進んだリモート監査について今後の活用の仕方等についても触れることとしました。

　第 2 版においても、初めて社外監査役に就任する方や法律に詳しくない方であっても理解していただけるよう、できるだけ平易な内容で、かつ、実務の感覚が伝わることを目指しました。

　第 2 版の改訂作業にあたっては、株式会社商事法務の辻有里香氏、中崎祥子氏に多大なるご尽力をいただきました。同人らの支えがなければ、到底刊行に至りませんでした。ここに深く感謝の意を表します。

2023 年 9 月

and LEGAL 弁護士法人
執筆者を代表して　弁護士　**野口 葉子**

はしがき

　社外監査役の制度は、監査役の中で取締役等の業務執行者の影響を受けずに、独立した立場から客観的な意見を述べることができる者が必要であるとの趣旨から設けられたもので、監査役会が設置されている場合に監査役の半数以上が社外監査役でなければならないと定められています（会社法335Ⅲ）。

　近時、会社法改正やコーポレートガバナンス・コードの策定により、上場会社における社外取締役の選任が急増し、これに伴い社外監査役を含む社外役員の役割が重視される傾向にあります。

　しかしながら、社外監査役をメインに説明している書籍は少なく、実務上社外監査役として何が求められ、どこまでの職務を行うべきかについては悩むことが多いと思います。

　そこで、本書では、社外監査役に的を絞り、社外監査役として知っておくべき基本的知識や実務対応につき、具体的に解説を行いました。また、初めて社外監査役に選任される方や法律の初学者でも内容を理解しやすいよう、図表を多数挿入し、できるだけ平易な内容で解説することを目指しました。

　これらの観点から、本書では、実務上社外監査役が選任されることが多い機関設計である取締役会設置会社、監査役会設置会社で、かつ、会計監査人を設置している会社を前提としています。

　本書では、第1章において社外監査役の意義について概説を行い、社外監査役とは何か、その役割等について解説しました。また、第2章では社外監査役の職務、義務、責任、監査役会について、第3章では取締役の義務と責任について、第4章では内部統制システムの概説と監査役監査のポイントについて解説を行いました。第5章では監査の具体的場面において、社外監査役としてどのような対応を行うべきかにつき、実務上の留意点に触れています。第6章では、監査役が連携を行うべき、内部監査部門、会計監査人、社外取締役との対応につ

き解説を行いました。そして第7章では、いざ不祥事が判明した有事の際に社外監査役として求められる役割や留意点について解説しました。それぞれの内容について必要に応じてご参照いただければ幸いです。

　最後に本書の刊行にあたり、株式会社商事法務の岩佐智樹氏および下稲葉かすみ氏には多大なるご尽力をいただきました。同人らの支えがなければ、到底刊行に至らなかったものであり、深く感謝の意を表する次第です。

　本書が、社外監査役や常勤監査役を含む会社役員、監査役室、法務担当、その他の実務家の方々にとって、社外監査役実務を理解する一助になれば幸いです。

　2017年6月

春馬・野口法律事務所

執筆者を代表して　弁護士　**野口 葉子**

もくじ

第1章　社外監査役の意義

第2章　社外監査役の職務

第3章　社外監査役が理解すべき取締役の義務と責任

第4章　内部統制システムの整備と監査役監査

[法令]

法	会社法（平成 17 年法律第 86 号）
法施行規則	会社法施行規則（平成 18 年法務省令第 12 号）
会社計算規則	会社計算規則（平成 18 年法務省令第 13 号）
金商法	金融商品取引法（昭和 23 年法律第 25 号）
民法	民法（明治 29 年法律第 89 号）

※かっこ内で引用する条文については、項をローマ数字、号を○付き数字でそれぞれ表記した。

[判例集・雑誌]

民　集	最高裁判所民事判例集
金　判	金融・商事判例
資料版商事	資料版商事法務
判　時	判例時報
判　タ	判例タイムズ

野口　葉子（のぐち・ようこ）　　　　　　　　　　　　　　　　［編著者］

　　and LEGAL 弁護士法人弁護士。企業法務全般を取り扱い、上場会社の社外監査役、社外取締役、監査等委員の経験を有する。主な著書として、『実務家のための取締役の競業取引・利益相反取引規制〔第 2 版〕』（商事法務、2015 年）、『弁護士が分析する企業不祥事の原因と対応策』（新日本法規、2012 年。共著）等がある。

　　早稲田大学法学部卒業、同大学大学院法学研究科修士課程修了（会社法専攻）、2001 年弁護士登録。鳥飼総合法律事務所、中央三井信託銀行（現三井住友信託銀行）法務部、石原総合法律事務所勤務を経て、2006 年春馬・野口法律事務所（現 and LEGAL 弁護士法人）開設。

春馬　学（はるま・まなぶ）　　　　　　　　　　　　　　　　　［編著者］

　　and LEGAL 弁護士法人弁護士。上場会社および上場準備会社の社外監査役、社外取締役を務めるほか、M&A、コンプライアンス、上場支援、株主総会指導など企業法務全般を取り扱う。

　　京都大学法学部卒業、2001 年弁護士登録。石原総合法律事務所勤務を経て、2006 年春馬・野口法律事務所（現 and LEGAL 弁護士法人）開設。

花村　総一郎（はなむら・そういちろう）　　　　　　　　　　　［編著者］

　　and LEGAL 弁護士法人弁護士。M&A、コーポレート・ガバナンス、コンプライアンス、労務など、企業法務全般を取り扱い、上場準備会社の社外監査役を務める。

　　早稲田大学法学部卒業、同大学法科大学院修了、2015 年弁護士登録。

山下　祐里奈（やました・ゆりな）

　　and LEGAL 弁護士法人弁護士。M&A、コンプライアンス、株主総会指導などを中心に、企業法務を幅広く取り扱う。

　　国際基督教大学教養学部アーツ・サイエンス学科卒業、名古屋大学法科大学院修了、2016 年弁護士登録。

光野　良祐（みつの・りょうすけ）

　　and LEGAL 弁護士法人弁護士。企業間紛争、コーポレート・ガバナンスを中心に、企業法務を幅広く取り扱う。

　　三重大学人文学部卒業、名古屋大学法科大学院修了、2018 年弁護士登録。

第 1 章

社外監査役の意義

1 社外監査役とは

(1) 社外監査役制度の趣旨

　社外監査役の制度は、監査役の中で取締役等の業務執行者の影響を受けずに、独立した立場から客観的な意見を述べることができる者が必要であるとの趣旨から設けられたものです。

　会社法上、社内監査役には、取締役や使用人がいわゆる横滑りで就任することも認められており、実際、常勤の社内監査役は会社の取締役や使用人出身者であることが多いです。このような取締役や使用人出身の監査役は、会社の業務内容や実態に精通しており、社内の風土や過去の状況等から会社内で問題が生じやすいポイントを把握していることが多いと考えられます。また、このような社内監査役は、社内のこれまでの人脈等から有益な情報を早期に収集することができるため、有効かつ効率的な監査を行うために非常に重要な存在であるといえます。

　他方で、社内監査役は、社内の常識にとらわれ過ぎてしまう場合もあり、上下関係や同僚意識から取締役に対して真に独立した立場から十分な監査を行うことができないおそれがあります。

　そこで、このような社内監査役に加え、取締役等の業務執行者からの独立性を一層強化し客観的な意見を述べることができる者として、社外監査役の制度が設けられることになりました。社外監査役は独立した立場から客観的意見を述べることが期待される一方、社内の業務内容や実態に精通しておらず、情報の取得も容易ではないことから、社内監査役と社外監査役で相互に補完し合うことで有効で効率的な監査を行うことが求められています。

(2) 社外監査役が選任される場合

ア 社外監査役の設置義務

　社外監査役は、全ての会社に設置が義務付けられているわけではありません。会社法では、監査役会が設置されている場合には、〔図表1－1〕のように、監査役は3人以上で、そのうち半数以上は社外監査役でなければならないと定められています（法335Ⅲ）。

　なお、3人以上いる監査役のうち、「半数以上」が社外監査役でなければならないと定められていることには注意が必要です。あくまで「半数以上」であって「過半数」ではないため、例えば監査役が4人の場合には社外監査役は2人で足りることになります。

〔図表1－1：社外監査役の員数〕

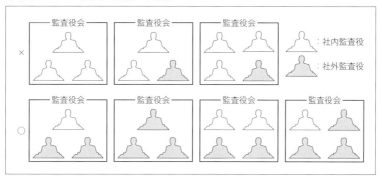

　このように、監査役会を設置した場合には、その半数以上は社外監査役でなければなりません。また、監査役会およびその構成員である監査役についても設置義務が法律で定められていますが、これらについては下記**ウ**、**エ**で説明します。

イ 株式会社の機関

　まず、監査役、監査役会の設置義務について解説する前提として、

株式会社の機関について簡単に説明します。会社の意思決定や業務執行、監督、監査等を行う者（会議体）を機関といいます。具体的には、株主総会・取締役・取締役会・監査役・監査役会・会計監査人等がこれに該当します。これらの機関のうち、株主総会と取締役は必ず設置しなければならないとされていますが、その他の機関については、一定のルール内で、自由に設計することが認められています。株式会社は何千人もの従業員を抱える上場会社から家族経営の小規模な会社まで千差万別で、その事業規模や人材の有無等によって、望ましい機関設計が変わってくるためです。

ウ　監査役の設置義務

　機関設計には一定のルールがあると述べましたが、監査役設置に関するルールは以下のとおりです。

---

① 取締役会設置会社（監査等委員会設置会社および指名委員会等設置会社を除く。）は、監査役を置かなければならない。ただし、公開会社でない会計参与設置会社については、この限りでない（法327Ⅱ）。

② 会計監査人設置会社（監査等委員会設置会社および指名委員会等設置会社を除く。）は、監査役を置かなければならない（法327Ⅲ）。

---

　①のルールの趣旨は以下のとおりです。株主総会・取締役のほかに取締役会を設置すると、株主総会が担っていた業務執行の決定権が取締役会に移動することになります。つまり、業務執行の決定への株主の関与が弱まることになります。そこで、その代わりに監査役という監視機関が必要とされているのです。

　②のルールの趣旨は、会計監査人制度を有効に機能させるために、取締役等の経営陣から会計監査人の独立性を確保することが求められる点にあります。監査役等による会計監査人の選解任権に関する議案

の決定権（法344）等の制度を通じて、会計監査人の独立性が担保されているのです。

エ　監査役会の設置義務

大会社であり、かつ公開会社である会社は、監査等委員会設置会社および指名委員会等設置会社を除き、監査役会の設置が義務付けられます（法328 I）。これは、大会社では事業規模が大きいため取締役を監視する必要性が高く、また公開会社では株主が頻繁に変動し、株主による取締役の監視が期待できないためです。

オ　まとめ

以上述べてきたところをまとめると、社外監査役設置のルールは〔図表 1 − 2〕のようになります。

〔図表 1 − 2：監査役制度をとる場合の社外監査役設置のルール〕

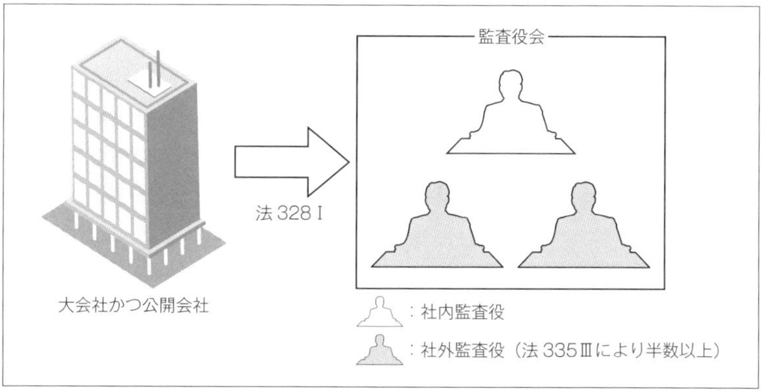

（大会社＋公開会社→監査役会→社外監査役）

つまり、監査役制度をとる大会社で、かつ公開会社である会社は、少なくとも 2 名の社外監査役の設置が必要となります。もちろん、上記は社外監査役設置「義務」についての記述であるため、小規模な会

社や全株式に譲渡制限が付いている非公開会社が、ガバナンス強化のために社外監査役を設置することは、何ら問題ありません。

　実務上は社外監査役が選任される会社は、上場会社や上場準備会社等で監査役会と会計監査人が設置されている取締役会設置会社であるケースがほとんどだと思われます。そこで本書では、取締役会・監査役会・会計監査人が設置されている会社を前提に解説を行うこととします。

2 　社外監査役の選任・退任等

(1)　社外監査役の選任・退任

ア　選任について

　監査役は株主総会の普通決議により選任されます（法329 I）。ただし、この場合には、通常の普通決議とは異なり、定款で定めたとしても定足数を3分の1未満とすることはできません（法341）。監査役を株主総会決議により選任するにあたっては、原則として、取締役が監査役の選任に関する議案を株主総会に提出することになりますが、その際取締役は、監査役会の同意を得なければなりません（法343 I・III）。また、監査役会は、取締役に対し、監査役の選任を株主総会の目的とすることや、具体的な候補者を挙げて監査役の選任議案を株主総会に提出することを請求することもできます（法343 II・III）。さらに、監査役は、株主総会において、監査役の選任について意見を述べることもできます（法345 IV・I）。このように、監査役は、監査役会によるチェックを経た上で、株主総会の普通決議により選任されることとなります。

　この点、コーポレートガバナンス・コード〔原則4-4〕では、監査役や監査役会は、監査役の選解任等に係る権限の行使などの役割・

責務を果たすにあたって、独立した客観的な立場において適切な判断を行うべきとされています。

　以上は社外監査役についても同様です。ただし、社内監査役とは異なり、社外監査役の選任に関する議案を提出する場合には、株主総会参考書類に次に掲げる事項を記載しなければならない点に注意が必要です（法施行規則 76 Ⅳ）。

---

① 　当該候補者が社外監査役候補者である旨
② 　当該候補者を社外監査役候補者とした理由
③ 　当該候補者が現に会社の社外監査役（社外役員に限る。以下、同じ。）である場合において、当該候補者が最後に選任された後在任中に会社において法令・定款違反の事実その他不正な業務執行が行われた事実（重要でないものを除く。）があるときは、その事実ならびに当該候補者が行った発生予防行為および発生後の対応行為の概要
④ 　当該候補者が過去 5 年間に他社の取締役、執行役または監査役に就任していた場合、その在任中に当該他社における法令・定款違反の事実その他不正な業務執行が行われた事実があることを会社が知っているときは、その事実（重要でないものを除き、当該候補者が当該他社における社外取締役（社外役員に限る。⑤において同じ。）または監査役であったときは、当該候補者が行った発生予防行為および発生後の対応行為の概要を含む。）
⑤ 　当該候補者が過去に社外取締役または社外監査役となること以外の方法で会社経営（外国会社を含む。）に関与していない者であるときは、経営に関与したことがない候補者であっても社外監査役としての職務を適切に遂行することができると会社が判断した理由
⑥ 　当該候補者が次のいずれかに該当することを会社が知っているときは、その旨
　　イ　過去に会社またはその子会社の業務執行者または役員（業務執行者であるものを除く。ハおよびホ(2)において同じ。）であったことがあること。
　　ロ　会社の親会社等（自然人であるものに限る。ロおよびホ(1)にお

いて同じ。）であり、または過去10年間に会社の親会社等であったことがあること。

ハ　会社の特定関係事業者の業務執行者もしくは役員であり、または過去10年間に会社の特定関係事業者（会社の子会社を除く。）の業務執行者もしくは役員であったことがあること。

ニ　会社または会社の特定関係事業者から多額の金銭その他の財産（これらの者の監査役としての報酬等を除く。）を受ける予定があり、または過去2年間に受けていたこと。

ホ　次に掲げる者の配偶者、3親等以内の親族その他これに準ずる者であること（重要でないものを除く。）。

　(1)　会社の親会社等

　(2)　会社または会社の特定関係事業者の業務執行者または役員

ヘ　過去2年間に合併等により他社がその事業に関して有する権利義務を会社が承継または譲受けをした場合において、当該合併等の直前に会社の社外監査役でなく、かつ、当該他社の業務執行者であったこと。

⑦　当該候補者が現に会社の監査役であるときは、監査役に就任してからの年数

⑧　①～⑦に掲げる事項に関する記載についての当該候補者の意見があるときは、その意見の内容

イ　退任について

退任についても、社外監査役と社内監査役とで違いはありません。監査役は、以下の事由により退任することとなります。

---

①　資格の喪失（法335 Ⅰ、331 Ⅰ・Ⅱ）

②　任期の満了（法336 Ⅰ～Ⅲ）

③　一定の定款変更（法336 Ⅳ）

④　解任（法339 Ⅰ）

⑤　辞任（民法651 Ⅰ）

⑥　死亡等（民法653）

上記のような退任事由のうち⑤および⑥は委任に関する民法の規定を根拠とするものですが、これは監査役と会社との関係が委任関係であることから（法330）、退任についても委任に関する規定が適用されるためです。

　監査役の解任については、株主総会決議によりいつでも行うことができますが、選任の場合とは異なり株主総会の特別決議によることが必要です（法339Ⅰ、343Ⅳ、309Ⅱ⑦）。同じ解任の場合でも、取締役については株主総会の普通決議により解任されることからすれば（法339Ⅰ、341）、このような規定は監査役の地位の強化を図るものであるといえます。また、解任された監査役は、その解任について正当な理由がある場合を除き、会社に対し解任によって生じた損害の賠償を請求することができます（法339Ⅱ）。そして、選任の場合と同様、監査役の解任についても、監査役は株主総会において意見を述べることができます（法345Ⅳ・Ⅰ）。

---

(2) 資格要件

ア　欠格事由

　監査役については以下の欠格事由が定められており、これに該当する者は監査役になることができません（法335Ⅰ、331Ⅰ）。これは社外監査役にも同様にあてはまります。

---

①　法人
②　会社法、金商法、破産法その他の一定の法律に定められた罪によって刑に処せられ、その執行を終わり、または執行を受けることがなくなった日から2年を経過していない者
③　上記②以外の法令違反によって禁錮以上の刑に処せられ、その執行を終わるまでまたはその執行を受けることがなくなるまでの者（刑の執行猶予中の者を除く。）

イ　定款による資格制限

　監査役が株主でなければならない旨を定款で定めることはできませんが、非公開会社においてはこの限りではありません（法335Ⅰ、331Ⅱ）。そのため、非公開会社において監査役の資格についてこのような定款の定めがある場合には、株主以外の者は監査役になることができません。

ウ　兼任禁止

　監査役は、会社もしくはその子会社の取締役もしくは支配人その他の使用人または子会社の会計参与（会計参与が法人であるときは、その職務を行うべき社員）もしくは執行役を兼ねることができません（法335Ⅱ）。また、会社の会計参与を兼ねることもできないとされています（法333Ⅲ①）。

　つまり、監査役との兼任が禁止されているのは、①会社の取締役、②会社の支配人その他の使用人、③会社の会計参与、④子会社の取締役、⑤子会社の支配人その他の使用人、⑥子会社の会計参与、⑦子会社の執行役ということになります。

　このような兼任禁止が定められているのは、取締役等の職務を監査する役割を負っている監査役がそれらを兼任すると、自らが監査対象となってしまい実効性のある監査が期待できないためです。そして、これは社外監査役についても同様です。

エ　社外監査役の要件（社外性要件）

　これらに加えて、社外監査役の資格として、以下の要件が定められています（法2⑯）。

> ①　その就任の前10年間会社またはその子会社の取締役、会計参与（会計参与が法人であるときは、その職務を行うべき社員。②において同じ。）もしくは執行役または支配人その他の使用人であった

ことがないこと。
② その就任の前10年内のいずれかの時において会社またはその子会社の監査役であったことがある者にあっては、当該監査役への就任の前10年間会社またはその子会社の取締役、会計参与もしくは執行役または支配人その他の使用人であったことがないこと。
③ 会社の親会社等（自然人であるものに限る。）または親会社等の取締役、監査役もしくは執行役もしくは支配人その他の使用人でないこと。
④ 会社の親会社等の子会社等（会社およびその子会社を除く。）の業務執行取締役等でないこと。
⑤ 会社の取締役もしくは支配人その他の重要な使用人または親会社等（自然人であるものに限る。）の配偶者または2親等内の親族でないこと。

オ　独立役員

独立役員とは、証券取引所が一般株主保護の観点から上場会社に対して1名以上の確保を義務付けているもので、一般株主と利益相反が生じるおそれのない社外取締役または社外監査役のことをいいます（東京証券取引所有価証券上場規程436の2Ⅰ）。社外監査役が独立役員の要件を満たす場合には、社外監査役を独立役員として届出がなされることも多くあります。

カ　まとめ

上記**ア**から**エ**のような社外監査役に関する資格要件をまとめると〔**図表1－3**〕のようになります。

〔図表1－3：社外監査役の資格要件〕

(3) 任期

　監査役の任期は、選任後4年以内に終了する事業年度のうち最終のものに関する定時株主総会の終結の時までとされており（法336 I）、これは社外監査役についても同様です。ただし、公開会社でない会社の監査役については、定款によって、任期を選任後10年以内に終了する事業年度のうち最終のものに関する定時株主総会の終結の時までとすることができます（法336 II）。

　また、任期の満了前に退任した監査役の補欠として選任された監査役の任期については、定款によって、退任した監査役の任期の満了する時までとすることができます（法336 III）。

(4) 員数

ア　員数について

　監査役会設置会社の場合、監査役は3人以上である必要があり、そのうち半数以上が社外監査役でなければならないとされています（法335 III）。必要とされる社外監査役の数は、過半数ではなく半数以上であるため、例えば監査役が4人である場合にはそのうち2人が社外監査役であれば足りるということになります（〔図表1－1〕参照）。

このような員数の規定に違反して社外監査役を監査役の半数以上に選任しなかったときには、取締役等は 100 万円以下の過料に処せられる可能性があります（法 976 ⑳）。また、役員に欠員が生じた場合に、その選任の手続をすることを怠ったときにも、取締役等は 100 万円以下の過料に処せられる可能性があります（法 976 ㉒）。さらに、社外監査役の員数が上記規定で定められた員数に満たない場合、そのまま監査を行ったとしても、資格要件を満たさない監査役により行われている以上、当該監査は瑕疵のある監査ということになります。そのため、社外監査役の員数が不足する場合には、速やかに株主総会を開催して追加の社外監査役を選任することが必要となります。

　もっとも、株主総会を開催するには一定の時間と手間・費用を要することから、上記のような場合に速やかに新たな社外監査役を選任するというのは実際には容易でないことも多いと考えられます。そこで、以下で述べる補欠監査役や一時監査役といった制度を活用することが考えられます。

イ　補欠監査役

　補欠監査役制度とは、死亡等により監査役の員数が法令または定款で定める員数に満たない状態に陥る場合に備えて、あらかじめ補欠の監査役を選任しておき、欠員が生じた場合に当該補欠監査役が監査役に就任するというものです（法 329 Ⅲ）。あらかじめ補欠の社外監査役を選任しておけば、万が一社外監査役の員数に不足が生じる事態が発生したとしても補欠社外監査役が社外監査役に就任することになるため、株主総会を開催して追加の社外監査役を選任することなく、欠員を解消することができます。このように、社外監査役に将来欠員が生じる場合を想定して、1 名ないしは複数名の補欠社外監査役を選任しておくことで、社外監査役の半数確保を容易にし、会社の負担を軽減させることが可能になります。実務上、社外監査役の員数が監査役半数の要件をぎりぎり満たすような会社では、補欠監査役を選任して

いるケースも多くあります。

ウ　一時監査役

役員が欠けた場合、裁判所は、必要があると認めるときは、利害関係人の申立てにより、一時役員の職務を行うべき者を選任することができるとされており（法346Ⅱ）、裁判所により一時監査役の職務を行うべき者として選任された者を一時監査役または仮監査役といいます。補欠監査役は将来欠員が生じた場合に備えてなされる事前の措置であるのに対し、一時監査役は現に欠員が生じた後に利用されるもので、事後的な措置であるといえます。そのため、基本的には、一時監査役が利用されるのは、あらかじめ補欠監査役を選任していなかった場合ということになります。

3　社外監査役の報酬等

報酬等に関する規定は、社外監査役と社内監査役とで異なるところはありません。そこで、以下では監査役一般の報酬等について解説します。

(1)　監査役の報酬等の決定

監査役の報酬等は、定款にその額を定めていないときは、株主総会の決議によって定めます（法387Ⅰ）。このように株主総会決議により監査役の報酬等を定めることとしているのは、株主総会決議により適正な報酬等を定めることで監査役の独立性を確保するためです。なお、取締役についても同様に、定款に定めがないときは株主総会決議により報酬等を定めることとされていますが（法361Ⅰ）、これは取締役が自身の報酬等を不当に高額にすること（いわゆるお手盛り）を防止するためで、監査役の場合とは趣旨が異なります。

(2) 監査役が複数の場合

　監査役が2人以上ある場合において、各監査役の報酬等について定款の定めまたは株主総会の決議がないときは、各監査役の個別の報酬等は、定款や株主総会で決議された報酬額の範囲内で、監査役の協議によって定めます（法387Ⅱ）。ここでいう「監査役の協議によって定める」というのは、具体的には監査役の全員一致により決定するということであって、多数決や過半数で決めるというわけではないことに注意が必要です。監査役の報酬等について株主総会決議で定めることとされている趣旨が監査役の独立性の確保にあることは上記(1)で述べたとおりですが、監査役が複数存在する場合に、株主総会決議で定められた監査役の報酬等の内訳を取締役（あるいは取締役会）が決定できるとすると、取締役が自己の意に沿わない一部の監査役については報酬等を著しく低額にするなどの方法により影響力を及ぼすおそれがあります。そこで、このような事態を防止し、監査役の独立性を確保するために、監査役の報酬等の内訳は監査役の協議により決定することとされているのです。

　なお、取締役の報酬等については配分を取締役会や代表取締役に一任することが認められていますが、監査役については、上記のような趣旨から、報酬等の配分を取締役（あるいは取締役会）に一任することはできないと考えられています。ただし、特定の監査役に配分を一任したり、取締役が配分の原案を示したりすることについては、許されると考えられています。

(3) 報酬等の種類

　「報酬等」とは、報酬、賞与その他の職務執行の対価として会社から受ける財産上の利益をいいます（法361Ⅰ）。この点、賞与については、監査役は業務執行により会社の利益に貢献するわけではないとして、監査役に支払うことのできる報酬等に含まれないとする見解も

ありますが、報酬等の定義においては賞与も含まれることが明示され
ており、監査役も適切な監査を行うことで会社の利益に貢献している
ということができることから、監査役に対する賞与の支払も認められ
ると考えられます。また、退職慰労金についても、上記定義からすれ
ば報酬等に含まれると考えることができます。業績連動型の報酬につ
いては、監査役の職務内容からすれば業績に応じて報酬が増減するこ
とには合理性がないとして、このような形での報酬を認めない見解も
ありますが、ベンチャー企業等において人材を得るためには必要な場
合もあるとして認める見解もあります。

4 社外監査役に求められる役割・資質

(1) はじめに

　社外監査役には、第三者的立場から取締役の職務執行を監査するこ
とで、業務執行者の影響を受けず客観的な視点から意見を表明する役
割が期待されています。このような役割を全うするため、社外監査役
は、取締役会に出席し、必要であれば意見を述べるといった具体的な
活動を行うことが求められています。そして、その具体的活動を適切
に行いうる資質として、①独立性、②専門性、③倫理性が求められて
いると考えられます。

(2) 社外監査役の役割

ア　社外監査役制度の趣旨

　社外監査役制度の趣旨は、業務執行者から独立した第三者的な立場
にある者を監査役のメンバーとすることで、社内監査役と協働し、一
層適正な監査を実現しようとすることにあります。また、日本監査役
協会の監査役監査基準5条2項では、「社外監査役は、その独立性、

選任された理由等を踏まえ、中立の立場から客観的に監査意見を表明することが特に期待されていることを認識し、代表取締役及び取締役会に対して忌憚のない質問をし又は意見を述べる。」とされています。このように、社外監査役には、第三者的立場から取締役の職務執行を監査することで、業務執行者の影響を受けず客観的な視点から意見を述べることが期待されているといえます。

イ　法令上の社外監査役の役割

　法施行規則 124 条 4 号では、社外役員の活動状況を事業報告に記載することが求められており、社外監査役については、①取締役会・監査役会への出席状況、②取締役会・監査役会における発言の状況、③社外役員の意見により重要な事業方針等が変更されたときにはその内容、④重要な違法行為等が行われた場合にはその発生予防のために行った行為およびその発生後の対応として行った行為の概要が挙げられています。このことからすれば会社法上、社外監査役には取締役会・監査役会に出席し、必要に応じて発言し、場合によっては会社の事業方針等に影響を与える意見を述べ、違法行為等の予防と発生後の対応を行う役割が期待されていると考えられます（コーポレートガバナンス・コード〔原則 4 - 4〕も同趣旨と思われます。）。

(3)　社外監査役に求められる資質

　上記(2)で述べた役割を全うするために、社外監査役には、①独立性、②専門性、③倫理性という資質が求められることになります。これらについて以下で説明します。

ア　独立性

　前述のように、社外監査役の役割で重要な点は第三者的な立場から客観的な意見を述べるところにあります。そして、これを可能にするためには、社外監査役が業務執行者から独立していなければなりませ

ん（コーポレートガバナンス・コード〔補充原則4－4①〕）。

イ　専門性

　社外監査役が法務、財務・会計、労務等の専門性を有していれば、これらの専門的視点で監査をすることができ、より一層効果的な監査を実現することができます。

　また、社外監査役が当該会社の事業内容を詳しく知っている場合にも、有効な監査が期待できます。その意味では、会社の事業内容・業界に精通していることも、社外監査役に求められる専門性の1つに含まれると考えられます。

　この点、コーポレートガバナンス・コード〔原則4－11〕でも、監査役には適切な経験・能力および必要な財務・会計・法務に関する知識を有する者が選任されるべきであり、特に財務・会計に関する十分な知見を有している者が1名以上選任されるべきとされています。

ウ　倫理性

　監査役は、違法・不当な問題やそのおそれを発見した場合、たとえその担当者が信頼関係を築いた役員や従業員であっても、厳格に対処しなければなりません。信頼関係を築いた相手に対し厳格な対処をすることには心理的な抵抗が生じますが、監査役には、そのような場合であっても自らの倫理観に基づき行動することが求められます。

　また、会社と一部の役員との間で利益相反が生じるケースでは、社外の立場からの倫理的な判断が求められる場合があります。

　さらに、会社経営上の問題には、高度な専門的知識を有している者でも容易に判断がつかない困難な問題が多数存在しますが、そのような問題に直面したときに、社外監査役は自らの経験と倫理観に基づき社会常識の範囲内での意見を述べる必要があります。いくら高度な専門的知識を有していても、それを脱法的に利用してしまっては適切な監査とはいえません。その意味で、社外監査役には高度な倫理性が求

〔図表 1 − 4：社外監査役の役割と求められる資質〕

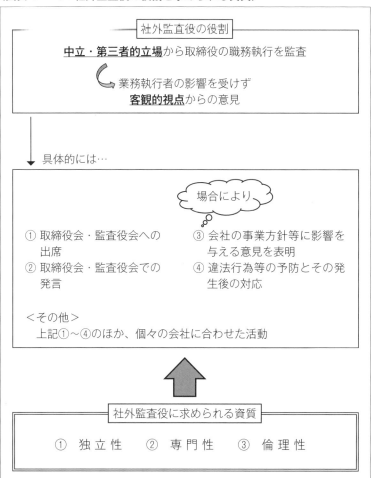

め!られているものといえます。

　以上のような社外監査役の役割とそれを全うするために求められる
資質をまとめると、〔図表 1 − 4〕のようになります。

(4) 社外監査役の就任状況

　日本監査役協会が実施した企業対象のアンケート（2023年2月17日付「第23回定時株主総会後の監査役等の体制に関する年次調査集計結果」）によれば、社外監査役全体のうち「公認会計士又は税理士」が23.4％、「弁護士」が19.3％、「会社と無関係な会社の役職員」が18.4％などとなっています。これらの者のうち、特に公認会計士、税理士、弁護士については、独立性・専門性・倫理性の全ての資質を兼ね備えている者として採用されていると考えられます。

　なお、コーポレートガバナンス・コードでは、社外監査役等の役員の兼任数を合理的な範囲にとどめるべきであるとされています（コーポレートガバナンス・コード〔補充原則4 - 11②〕）。

(5) 社外監査役の新たな役割

ア　指名委員会・報酬委員会への参加

　コーポレートガバナンス・コード〔補充原則4 - 10①〕では、上場会社が監査役会設置会社または監査等委員会設置会社であって、独立社外取締役が取締役会の過半数に達していない場合には、経営陣幹部・取締役の指名（後継者計画を含む）・報酬などに係る取締役会の機能の独立性・客観性と説明責任を強化するため、取締役会の下に独立社外取締役を主要な構成員とする独立した指名委員会・報酬委員会を設置すべきとされています。

　この指名委員会・報酬委員会は、会社法上の法定の委員会ではなく任意の委員会です。主要な構成員として求められるのは独立社外取締役ですが、独立社外取締役の人数が十分ではない場合や、専門的知識を期待するために、補完的に監査役（特に社外監査役）が委員となることも考えられます（経済産業省「指名委員会・報酬委員会及び後継者計画の活用に関する指針──コーポレート・ガバナンス・システムに関する実務指針（CSGガイドライン）別冊」（2022年7月19日）。監査役監査

基準 14 条第 3 項補足）。

　実際に、社外監査役が指名委員会や報酬委員会の委員やオブザーバーとして参加している例は一定程度あります（日本監査役協会による 2022 年 5 月 18 日付「役員等の構成の変化などに関する第 22 回インターネット・アンケート集計結果（監査役（会）設置会社版)」によれば、①指名委員会またはこれに相当する機関に監査役が委員として参加している会社は 23.8%、オブザーバーとして参加している会社は 10.8%、②報酬委員会またはこれに相当する機関に監査役が委員として参加している会社は 25.8%、オブザーバーとして参加している会社は 10.1% でした。)。

イ　株主等との対話の相手方

　コーポレートガバナンス・コード〔補充原則 5 - 1 ①〕では、株主等の対話の相手方として監査役を追加する改訂がなされました。

　株主の関心事項が監査事項であり、社外役員との対話を希望する場合には、社外監査役が面談に臨むケースもありえます。その場合には、関連部署と連携しつつ、会社の持続的な成長と中長期的な企業価値の向上に資するよう、合理的範囲内で適切に対応することが望まれます（監査役監査基準 15 条 1 項）。

第**2**章

社外監査役の職務

1 社外監査役の職務等

　社外監査役の職務は、監査役一般の職務と異なるところはありません。そこで以下では、監査役一般の職務について解説します。

(1) 業務監査と会計監査

　監査役は、取締役の職務の執行を監査します（法381 I）。この「取締役の職務の執行の監査」は業務監査と会計監査に分けられます。

　まず、業務監査とは、取締役の職務の執行全般において、法令・定款に違反したり著しく不当な事項がないかどうかを監査することをいいます。監査役が行う会計監査以外の職務は、業務監査に属することになります。

　次に、会計監査とは、会社の会計に関する書類を監査することをいいます。会計監査は、会社の計算書類その他の書類が会社の財産や損益状況を適正に示していることを担保することで、投資家や株主の利益を保護するために行われます。

　会社法の会計監査の対象は、各事業年度の計算書類とその附属明細書（法436 II①）、連結計算書類（法444 IV）、および臨時計算書類（法441 II）です。これらの書類を「計算関係書類」（成立の日における貸借対照表を除きます。）といいます。

　会計監査人設置会社では、計算関係書類は監査役のほか会計監査人の監査を受けることになります。この場合、監査役は計算関係書類について自ら直接の意見を示すというわけではなく、「会計監査人の監査の方法・結果が相当であるかどうか」についての意見を示します（会社計算規則127。**〔図表2－1〕**参照）。つまり、計算関係書類については、まず会計監査人が第一次的な監査を行い、監査役はその相当性を判断することになります（詳しくは第5章**5**を参照）。

〔図表２－１：会計監査の方法〕

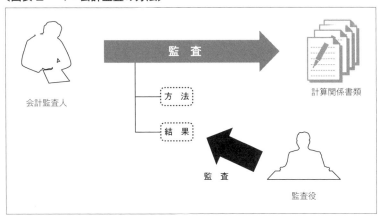

(2) 適法性監査と妥当性監査

　監査役による業務監査は、適法性監査に限定され、妥当性監査には及ばないと考えるのが通説です。つまり、監査役は取締役の職務執行が法令・定款に違反しないかどうかを監査するにとどまり、さらに進んで、取締役の職務執行が妥当かどうかまでは監査権限が及ばないと考えられています。なお、取締役会が各取締役の職務執行を監督する場合、取締役会の監督権限は妥当性にまで及びます。この点に監査役による業務監査と、取締役会による監督との違いがあります。

　もっとも、取締役の職務執行について妥当性を欠く程度が大きければ、善管注意義務違反となる可能性があり、その場合法令に違反することになります（法330、民法644）。よって、監査役はこの点についても監査することになります。つまり、取締役の職務執行の妥当性と適法性は地続きであるといえ、実際には監査役は、取締役の職務執行の妥当性についても目を配ることになるのです（〔図表２－２〕参照）。

　実務においても、取締役による違法行為等を未然に防ぐことは重要であり、妥当性の問題であることを理由に、監査役が意見を述べるこ

とが妨げられるべきではないと考えられています（コーポレートガバナンス・コード〔原則4－4〕も同趣旨と思われます。）。

〔図表2－2：監査の内容〕

	監査権限
適法性監査 （法令・定款に違反しないかどうか）	○
妥当性監査 （職務執行が妥当かどうか）	× （ただし、事実上○）

(3) 独任制

　監査役が複数人設置されている場合においても、監査役は各人が単独で監査権限を行使することができます。これは、法律や定款に違反するかどうかの判断は、多数決で決定すべき問題ではなく、各人が単独で判断する問題だからです。

2　社外監査役の権限

　1で解説した職務を行うために、監査役には以下のような権限が与えられています。この点は社外監査役についても同様です。

　監査役はまず取締役の職務執行に法令・定款違反等がないかを調査します。そして、法令・定款違反等やそのおそれを発見した場合、それを是正する措置をとります。また、取締役と会社が訴訟をする場合には、監査役が会社を代表します。監査役にはこれらの働きに応じた権限が与えられています（〔図表2－3〕参照）。

〔図表 2－3：社外監査役の権限〕

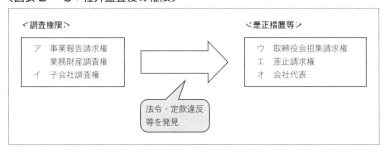

(1) 事業報告請求権・業務財産調査権

　監査役は、いつでも、取締役および会計参与ならびに支配人その他の使用人に対して事業の報告を求め、または会社の業務・財産の状況の調査をすることができます（法381Ⅱ）。

　取締役は、会社に著しい損害を及ぼすおそれのある事実があることを発見したときは、直ちに監査役会に報告する義務があり（法357Ⅰ・Ⅱ）、会計参与も、その職務を行うに際して、取締役の職務の執行に関し不正の行為または法令・定款に違反する重大な事実があることを発見したときは、遅滞なく監査役会に報告する義務があります（法375Ⅰ・Ⅱ）。そのような報告を受ける立場だけでなく、監査役には、自ら動き、会社の事業や業務・財産状況についての情報を収集する権限が与えられているのです。

　なお、会計監査人にも会計参与と同様の報告義務があり（法397Ⅰ・Ⅲ）、また、監査役には会計監査人に対し、その監査に関する報告を求める権限が与えられています（法397Ⅱ）。

ア　調査方法
　法律上、監査役の行う調査方法や範囲について、特に制限はありません。

監査役は、会社の事業全般について報告を求めたり、調査したりすることができます。その相手方も取締役に限定されず、使用人等に対しても直接に調査権を行使することができます。

また、帳簿書類・稟議書・契約書等、その目的の範囲内ならば、あらゆる書類の閲覧が認められます。さらに、取締役会以外の会議に出席することも調査権の一環として認められ、事業所等に自ら出向いて調査をすることも可能です。

イ　実効性

取締役や使用人等は、監査役の調査権の行使を拒むことはできません。たとえ企業秘密に関わることであろうとも、これを理由に調査権の行使を拒めるとしてしまえば、監査役に調査権限を与えた趣旨を没却してしまいます。したがって、取締役や使用人等は、企業秘密を理由に監査役の調査権行使を拒むことはできません。

取締役等が監査役による調査を妨げたときには過料に処せられる可能性があります（法976⑤）。また、監査のために必要な調査ができなかったときは、その旨およびその理由について監査報告に記載することになり（法施行規則129Ⅰ④）、調査権の行使が拒まれた場合、その事実を株主が知ることができるようになっています。このような仕組みにより、監査役の調査権限の実効性が保たれています。

(2)　子会社調査権

監査役は、その職務を行うため必要があるときは、子会社に対して事業の報告を求め、またはその子会社の業務・財産状況の調査をすることができます（法381Ⅲ）。これは、会社の不正行為が子会社を利用して行われることが多い等の理由から認められている権限です。なお、親会社に対する調査権は認められていません。

ア　調査方法

(1)の事業報告請求権・業務財産調査権と同様、監査役は、子会社の取締役等に口頭で質問したり、帳簿書類を閲覧したりして調査をすることができます。ただし、監査役が会社に対して有する(1)の調査権と同じ権限が与えられるわけではありません。あくまでも、会社の監査に必要な範囲内で、子会社を調査する権限が与えられるにすぎないのです。

子会社は、正当な理由があるときは、親会社の監査役に対し報告や調査を拒むことができます（法381Ⅳ）。何が「正当な理由」にあたるかは解釈が分かれていますが、子会社調査権の実効性を確保するため、子会社への調査権の行使が違法な場合に限り「正当な理由」があるとする見解が有力です。この考え方によれば、会社の監査に必要な範囲を超えた子会社調査権の行使は、権限濫用として違法であり、「正当な理由」が認められるため、子会社はこれを拒むことができます。

イ　実効性

(1)の事業報告請求権・業務財産調査権と同様、監査役が子会社の取締役等に対し、監査のために必要な調査ができなかったときは、その旨およびその理由について監査報告に記載することになります（法施行規則129Ⅰ④）。

(3)　取締役会招集請求権

監査役は、取締役が不正の行為をし、もしくは当該行為をするおそれがあると認めるとき、または法令・定款に違反する事実もしくは著しく不当な事実があると認めるときは、遅滞なく、その旨を取締役会に報告しなければなりません（法382）。この報告義務を履行するために、監査役は、取締役会の招集を請求したり、自ら招集したりすることができます（法383Ⅱ・Ⅲ）。

(4) 差止請求権

　監査役は、取締役が会社の目的の範囲外の行為、その他法令・定款
に違反する行為をし、またはこれらの行為をするおそれがある場合に
おいて、当該行為によって会社に著しい損害が生じるおそれがあると
きは、当該取締役に対し、その行為をやめることを請求することがで
きます（法385Ⅰ）。

ア　株主の差止請求権との違い

　会社法上、株主にも取締役の法令・定款違反行為等についての差止
請求権が認められています（法360）。しかし、監査役の差止請求権は
次の2点において、株主の差止請求権よりも行使の要件が緩和されて
います。すなわち、①差止請求は通常、仮処分命令の申立てという形
で行われ、裁判所が仮処分命令を発するには請求者に担保を立てさせ
る必要がありますが、監査役による差止請求の場合には担保を立てる
必要がありません（法385Ⅱ）。また、②株主による差止請求は、会
社に「回復することができない損害」が生じるおそれがあるときにの
み認められますが（法360Ⅰ・Ⅲ）、監査役による差止請求は、会社に
「著しい損害」が生じるおそれがあれば認められます（法385Ⅰ。〔図
表2−4〕参照）。

〔図表2−4：差止請求権の相違点〕

	仮処分発令時の担保	行使が認められる場合
株主による 差止請求権	必要	会社に「回復することができない損害」が生じるおそれ
監査役による 差止請求権	不要	会社に「著しい損害」が生じるおそれ

イ 行使要件

差止請求権行使の要件は以下の2つです。

---

① 取締役が会社の目的の範囲外の行為その他法令・定款に違反する
　 行為をし、またはそのおそれがあること
② ①により、会社に著しい損害が生じるおそれがあること

要件①の法令・定款違反行為等には、横領・背任行為や粉飾決算等
の具体的な法令違反行為にとどまらず、善管注意義務に違反する行為
も含まれます。また、要件②の損害は財産的損害にとどまらず、会社
の信用低下等の無形的な損害も含まれます。

ウ 行使方法

行使方法について、会社法は特に規定していません。

差止請求権は極めて強力な権限である一方、行使事実の報道等によ
り会社に多大な影響を与える可能性が高い行為です。したがって、実
務上は、まずは取締役や取締役会による自主的な対応を促すべきであ
り、訴訟による対応は最後の手段であることが多いと思われます。

すなわち、通常はまず取締役会への報告を行い取締役会による監督
権行使を促すことになります。次に、それでもなお当該取締役の法
令・定款違反行為等が是正されない場合に、訴訟外で差止請求権を行
使することになります。このときには証拠を保全しておくという趣旨
から、書面で請求するのがよいでしょう。そして、このような手続を
踏んでもなお是正がなされないときには、差止めを求めて、仮処分命
令の申立てや訴訟の提起を行うことになります。

ただし、状況が切迫している場合等、極めて有事の状況下では、上
記の流れを踏まずに訴訟を提起することもありえます。

⑸ 会社代表

　会社が取締役（取締役であった者を含みます。）に対し訴えを提起する場合、または取締役が会社に対し訴えを提起する場合、当該訴えについては監査役が会社を代表します（法386 I ①）。例えば、取締役が任務を懈怠して会社に損害を加えたときに、会社が当該取締役に対し損害賠償を請求する場合や、取締役が会社に対して貸金の返還を請求するような場合がこれにあたります（〔**図表２－５**〕参照）。

　会社が訴訟を行う場合、原則として、代表取締役が会社を代表します（法349 Ⅳ）。しかし、訴訟の相手方が取締役である場合には、取締役同士の仲間意識から適切に訴訟遂行することができないおそれがあります。そこで、このような場合には、監査役が会社を代表することとされているのです。

〔**図表２－５：取締役が相手の訴訟の会社代表**〕

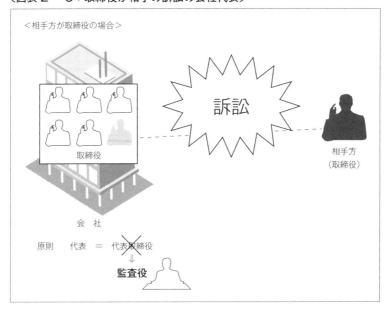

3 社外監査役の義務と責任

(1) 義務

　上記 **2** で解説したとおり監査役は様々な権限を有していますが、その一方で種々の義務を負っています。監査役の義務については、社外監査役であっても異なるところはありませんので、以下では監査役一般について述べます。

ア　善管注意義務

　監査役と会社との関係は委任に関する規定に従うとされていることから（法330）、監査役はその職務の遂行に関し善管注意義務を負うことになります（民法644）。

　善管注意義務とは、善良なる管理者の注意義務を意味するもので、業務を委任された人の職業や社会的地位などから考えて通常期待される注意義務のことをいいます。

　これを監査役にあてはめて考えると、監査役に就任した者は、監査役に通常期待される程度の職務を行うことが求められるということになり、それを怠ると善管注意義務違反になります。

　例えば、取締役会への継続的な欠席や監査報告の不作成など、定められた監査役の義務を怠る行為は、明らかな善管注意義務違反だといえます。

　また、監査役には様々な権限が与えられており、それぞれの場面に応じてこれを適切に行使することが期待されています。監査役の権限を行使することが期待される場面において、漫然と権限を行使しなかった場合、そのような監査役の対応は善管注意義務違反となりえます。その意味では、監査役が有している各権限は、それを適切に行使する義務を内包しているものといえます。

なお、社外監査役の場合には、その人が持っている専門的能力を評価されて社外監査役に選任されるということがしばしばありますが、このような社外監査役については、期待される注意義務の水準が一般の監査役よりも高くなる可能性があることに注意が必要です〔東京高判昭和 58 年 4 月 28 日判時 1081 号 130 頁〕。

　このような善管注意義務は監査役の義務のうち最も基本的かつ重要な義務だといえます。

イ　その他の義務

　その他、会社法が定めている監査役の義務としては主として以下のようなものがあります。

①　監査報告の作成（法 381 Ⅰ）

　監査役は取締役の職務の執行について監査した結果を監査報告としてまとめなければなりません。監査報告は、監査役の 1 年間の監査活動の結果をまとめ、取締役の職務の執行について監査役としての判断を株主に対して報告するもので、いわば監査役の職務の集大成だといえます。

②　取締役の法令・定款違反行為等についての報告義務（法 382）

　監査役は、取締役が不正な行為を行ったときや、不正な行為を行うおそれがあると認めるとき、法令・定款に違反する事実もしくは著しく不当な事実があると認めるときには、遅滞なくその旨を取締役会に報告しなければなりません。

③　取締役会への出席義務・意見陳述義務（法 383 Ⅰ）

　監査役は、取締役会に出席し、必要があると認めるときは、意見を述べなければなりません。

④　株主総会における説明・報告義務（法 314、384）

　監査役は、株主総会において、株主から監査報告の内容に関する事項など特定の事項について説明を求められた場合には、当該事項について必要な説明をしなければなりません。

また、監査役は、取締役が株主総会に提出しようとする議案や、計算書類および事業報告のほか、判断の対象または資料として提出する全ての書類、その他法務省令で定めるものを調査しなければなりません。この場合において、法令違反、定款違反、または著しく不当な事項があると認めるときは、その調査の結果を株主総会に報告しなければなりません。

(2) 責任

ア　会社に対する責任

(ア)　任務懈怠責任

　法423条1項は役員の会社に対する損害賠償責任について規定しており、監査役はその任務を怠ったときは、会社に対し、これによって生じた損害を賠償する責任を負います。

　このように、監査役は、善管注意義務に違反するなど任務懈怠をした場合に損害賠償責任を負うことになります。これは社外監査役についても同様で、社外監査役が自己の任務を怠った場合には、当該社外監査役は会社に対し、それにより生じた損害を賠償する責任を負います。

　では、監査役のどのような行為が任務懈怠にあたるのでしょうか。

　監査役の一般的な注意義務としては、監査役の義務として会社法で定められている事項および監査役の実務において一般的に行われている監査業務を行うことが求められると考えられています。そのため、具体的な監査役の任務懈怠行為としては、取締役の法令違反等を知りながら報告しなかった場合や、正当な理由なく取締役会への欠席を繰り返した場合、監査役の実務において通常行われている監査業務を怠った場合などが考えられます。

　なお、任務懈怠が認められた具体的な事例については下記**オ**で詳述します。

㈜　責任免除・責任限定契約

　上記㈦のとおり、監査役の任務懈怠により会社に損害が発生した場合、監査役は当該損害を賠償する責任を負います。

　もっとも、このような監査役の会社に対する損害賠償責任は、総株主の同意、株主総会決議または定款の定めに基づく取締役会決議によって免除することが可能です。

　また、監査役は会社との間であらかじめ責任の範囲を限定する責任限定契約を締結することもできます。

　なお、これらは社外監査役の場合でも変わりません。

　これらについて以下で説明します。

①　総株主の同意による免除

　監査役が任務懈怠により会社に対し損害賠償責任を負う場合、このような監査役の責任は、総株主の同意がなければ免除することができないとされています（法424）。

　総株主の同意に基づき免除する場合には、責任の一部だけでなく全部を免除することもできます。

②　株主総会決議による免除

　また、総株主の同意による免除以外にも、監査役が職務を行うにつき善意でかつ重大な過失がないときは、株主総会（最終完全親会社等がある場合において、当該責任が法847の3Ⅳに規定する特定責任であるときは、当該会社および当該最終完全親会社等の株主総会）の特別決議によって、賠償責任を負う金額から原則として当該監査役が会社から受け取る報酬2年分に相当する額（これを「最低責任限度額」といいます。）を控除した残額の限度において、監査役の会社に対する任務懈怠責任を免除することができるとされています（法425Ⅰ①ハ、309Ⅱ⑧、法施行規則113、114）。

　このように株主総会決議により免除することができるのは、最低責任限度額を控除した残額の範囲内に限られるため、この場合には監査役は報酬2年分に相当する金額についての責任を免れることは

できません。

③　取締役会決議による免除

さらに、定款で定めておけば、監査役が職務を行うにつき善意でかつ重大な過失がない場合において、責任の原因となった事実の内容、当該監査役の職務遂行の状況その他の事情を勘案して特に必要と認めるときは、賠償責任を負う金額から最低責任限度額を控除した残額を限度として取締役会決議により当該監査役の会社に対する任務懈怠責任を免除することができるとされています（法426 I）。

ただし、総株主の議決権の100分の3（定款でこれを下回る割合を定めた場合にはその割合）以上の議決権を有する株主が、会社が定めた期間（1か月以上）内に異議を述べた場合には、取締役会決議による責任免除はできません（法426 VII。特定責任の免除の場合には、最終完全親会社等の総株主の議決権の100分の3（定款でこれを下回る割合を定めた場合にはその割合）以上を有する株主の異議がある場合も同じ。）。

この場合には、別途株主総会決議による免除を行わなければ、監査役は任務懈怠により会社に発生した損害の全部につき賠償する責任を負うことになります。

④　責任限定契約

以上のような事後的措置に加えて、定款に定めを置くことにより、監査役の会社に対する任務懈怠責任について、監査役が職務を行うにつき善意でかつ重大な過失がないときは、定款で定めた額の範囲内で会社が定めた額と最低責任限度額とのいずれか高い額を限度とする旨の責任限定契約を会社との間で締結することができます（法427 I）。

このような責任限定契約を締結した場合、監査役の会社に対する任務懈怠責任は、会社が定めた金額と報酬2年分に相当する金額のいずれか高い額が上限となるため、会社によっては報酬2年分に相当する金額を超える部分についても賠償責任を負う可能性がありま

す。

　社外監査役に就任する者にとって、責任限定契約の有無は、リスクを過度に怖れることなく職務執行を行うことができる点において重要な意味を持ちますので、社外監査役候補者になることを依頼された場合には、当該会社との間で責任限定契約を締結することができるのか、定款に責任限定契約の定めがあるかを確認しておくことが大切です。

イ　第三者に対する責任

㋐　会社法上の責任

　監査役がその職務を行うについて悪意または重大な過失があったときは、当該監査役はこれによって第三者に生じた損害を賠償する責任を負います（法429 Ⅰ）。

　また、監査役が、監査報告に記載・記録すべき重要な事項について虚偽の記載・記録をした場合にも、当該監査役は第三者に生じた損害を賠償する責任を負います（法429 Ⅱ③）。例えば、監査役が取締役の重大な違法行為等があったにもかかわらず、その旨を監査報告に記載しなかった場合などがこれにあたります。

　ただし、虚偽記載等があった場合でも、監査役がそれについて注意を怠らなかったことを証明したときは、当該監査役は責任を負わないとされています（法429 Ⅱただし書）。

　以上のような第三者に対する責任については、社外監査役にもそのままあてはまります。

㋑　金商法上の責任

　上場会社は、金商法により、有価証券報告書、臨時報告書等の開示書類を提出する義務を負っており（金商法24、24の5等）、上場会社においてはこのような書類も監査役による監査の対象になると考えられています。

そして、金商法では、有価証券報告書等のうちに重要な事項について虚偽の記載があり、または記載すべき重要な事項もしくは誤解を生じさせないために必要な重要な事実の記載が欠けている場合（以下、このような場合を「虚偽記載等」といいます。）、当該会社の監査役は虚偽記載等を知らずに有価証券を取得した者に対して損害賠償責任を負うとされています（金商法24の4、22Ⅰ等）。

　監査役がこのような責任を免れるためには、虚偽記載等について知らず、かつ、相当な注意を用いたにもかかわらず虚偽記載等を知ることができなかったことを証明する必要があります（金商法24の4、22Ⅱ、21Ⅱ①等）。

　監査役の免責の要件である「相当な注意」の内容については、一律に定まるものではなく、その者の地位や職務内容等によって異なりうると考えられています。

　そのため、個別の事情によっては、「相当な注意」として求められるものが、社内監査役と社外監査役とで異なる可能性があることには注意が必要です。

ウ　その他の責任

㋐　刑事責任

　法960条から975条には、刑事責任の対象となる行為とそれに対する罰則の内容が挙げられています。監査役がこれらの行為を行った場合には、当該監査役は刑事責任を負うことになります。

〔主な罰則〕
・特別背任罪
　10年以下の懲役もしくは1000万円以下の罰金またはその両方
・会社財産を危うくする罪
　5年以下の懲役もしくは500万円以下の罰金またはその両方
・虚偽文書行使等の罪

5年以下の懲役もしくは500万円以下の罰金またはその両方
・預合いの罪
　5年以下の懲役もしくは500万円以下の罰金またはその両方
・贈収賄罪
　5年以下の懲役または500万円以下の罰金
・株主等の権利の行使に関する利益供与の罪
　3年以下の懲役または300万円以下の罰金

㈡　行政罰

法976条では、行政罰として100万円以下の過料に処すべき行為が列挙されています。監査役が同条に列挙された行為を行った場合には、当該監査役は行政罰を受ける責任を負うことになります。

〔法976条に列挙された行為のうち主なもの〕
・　株主総会等に対して虚偽の申述や事実の隠蔽をしたとき
・　監査報告に記載・記録すべき事項を記載・記録しなかったとき、または虚偽の記載・記録をしたとき
・　株主総会で正当な理由がないのに株主等の求めた事項について説明を怠ったとき

エ　会社補償・役員等賠償責任保険契約

役員等の人材確保の必要性や、過度にリスクを怖れず適切な判断を行えるよう、会社法の改正によって会社補償・役員等賠償責任保険契約の制度が整備されました。

㈠　会社補償

会社補償とは、役員等が職務の執行に関して損害賠償請求等を受けた場合などに、これに対処するために必要な費用や賠償金等を会社が負担することをいいます。令和元年会社法改正により、会社補償に関

する契約（「補償契約」といいます。）について新たにルールが設けられました（法430の2）。

(イ) 役員等賠償責任保険契約

同じく令和元年会社法改正により、役員等賠償責任保険（D&O保険）契約についても新たにルールが定められました（法430の3）。

役員等賠償責任保険契約とは、会社が保険者との間で締結する保険契約のうち、役員等がその職務の執行に関し責任を負うこと、または、その責任の追及に係る請求を受けることによって生じることのある損害を保険者が填補することを約するものであって、役員等を被保険者とするもののことをいいます。

現在、上場会社の多くがこの保険契約を締結しています。

(ウ) 手続等

補償契約や役員等賠償責任保険契約の内容を決定するには、取締役会の決議が必要です（法430の2Ⅰ、430の3Ⅰ）。なお、補償契約や役員等賠償責任保険契約の締結に関しては、利益相反取引規制の適用は除外されています（法430の2Ⅵ、430の3Ⅱ）。

また、補償契約に基づく補償が行われた際は、遅滞なく、取締役会への報告が必要です（法430の2Ⅳ・Ⅴ）。

補償契約や役員等賠償責任保険契約を締結している会社は、一定の事項を事業報告の中で開示する必要があります。

(エ) 社外監査役における意義

責任限定契約と同様、補償契約や役員等賠償責任保険契約が締結されている場合には、社外監査役としてはリスクを過度に怖れることなく職務執行を行うことができます。特に役員等賠償責任保険契約については、多くの上場会社が締結しており、その締結の有無は、事業報告等で開示されていることから、就任を検討する際にはあらかじめ確

認するとよいでしょう。

オ　具体的事例

■重要判例①　セイクレスト事件

（大阪高判平成 27 年 5 月 21 日判時 2279 号 96 頁）

〔事案の概要〕

　本件は、A 社の破産手続において裁判所がなした X（元社外監査役）の役員責任査定決定に対して X および A 社の破産管財人 Y が異議の訴えを提起したという事案です。Y は、A 社の代表取締役であった B が A 社の資金 8000 万円を出金し第三者に交付した行為（以下、「本件金員交付」といいます。）が任務懈怠行為にあたることを前提に、A 社の社外監査役であった X に当該行為に関する善管注意義務違反があったとして、A 社の X に対する損害賠償請求権の額を 8000 万円と査定するよう求める役員責任査定の申立てをしたところ、裁判所は、X には善管注意義務違反があるものの、同違反につき悪意重過失があったとは認められないとして、X と A 社との間の責任限定契約に基づき、A 社の X に対する損害賠償請求権の額を X の 2 年分の報酬に相当する 648 万円と査定する旨の決定をしました。これに対し、X は、X には善管注意義務違反はないから損害賠償債務は負わないなどと主張して、Y を被告として本件査定決定の取消しを求めて同決定に対する異議の訴えを提起し（第 1 事件）、Y は、X が善管注意義務に違反したことについては重過失があり、上記責任限定契約の適用はないなどと主張し、善管注意義務違反に基づく損害賠償請求権の額を 8000 万円とすること等を求めて本件査定決定に対する異議の訴えを第 1 事件の反訴として提起しました（第 2 事件）。

〔判決要旨〕

　本判決は、A 社が債務超過に陥っておりそれを解消しなければ

上場廃止になるおそれがあるという状況下で、募集株式の発行による払込金約4億2000万円のうち2億7000万円を金融機関に対する借入金の返済や未払諸経費の支払等に充て、残金を今後の運転資金等に充てることが予定されていたにもかかわらず、上記払込金から8000万円を出金しその全額を第三者に交付したというBによる本件金員交付は、重要な財産の処分（法362Ⅳ①）としての取締役会の承認を得ていないだけでなく、あらかじめ定められていた使途にも反するものであって、取締役としての善管注意義務および忠実義務に違反するものであり、任務懈怠行為にあたると認定しました。

　そして、Bは本件金員交付以前にも、有価証券届出書に記載した使途に反する会社の資金の流用、増資額の水増しによる会社財産の希薄化、返済可能性が低い状況下での多額の約束手形の振出など、会社の資金を不当に流出させる行為を行っていたことから、A社の取締役らおよび監査役らには、それらの行為と同種または類似の行為である本件金員交付を予見することが可能であったと認定しました。

　次に、本判決は、A社の取締役らには内部統制システムを構築すべき義務があるとともに、A社の監査役らには同社において定められている監査役監査規程に基づき取締役会に対し内部統制システムを構築するよう助言・勧告すべき義務があると認定しました。そして、A社の取締役らにはBにより会社の資金が不当に流出させられることが予見できたとした上で、取締役らにおいてそのようなBの行為を防止するための内部統制システムを構築すべき義務があったのに、その対応がとられていたとはいえないことに加え、Xが公認会計士であり長年A社の監査役を務めていたこと、Xが監査役の監査業務の職務分担上、経営管理本部管掌業務を担当することとされていたこと、Xが取締役会への出席を通じてBによる一連の任務懈怠行為の内容を熟知していたこ

とからすれば、Xには監査役の職務として監査役監査規程に基づきA社の資金を定められた使途に反して合理的な理由なく不当に流出させる行為に対処するための内部統制システムを構築するよう取締役会に助言・勧告すべき義務があったとし、そのような助言・勧告を行わなかったことが監査役としての義務違反にあたると認定しました。

そして、A社の監査役監査規程はベストプラクティスを含むものであり、監査役があまねく遵守すべき規範を定めたものではないというXの主張に対しては、A社が日本監査役協会の定めた「監査役監査基準」や「内部統制システムに係る監査の実施基準」に準拠して監査役監査規程や内部統制システム監査の実施基準を定めていることからすると、監査役の義務違反の有無は、A社が定めた監査役監査規程や内部統制システム監査の実施基準に基づいて判断されるべきであるとして、認めませんでした。

また、Bの一連の任務懈怠行為からすれば、BがA社の代表取締役として不適格であることは明らかであるから、監査役として取締役の職務の執行を監査すべき立場にあるXとしては、Bを代表取締役から解職すべきである旨を取締役らまたは取締役会に助言・勧告すべき義務があったとして、そのような助言・勧告を行わなかったことが同義務に違反すると認定しました。

他方で、Xに重過失があったといえるかという点については、A社の監査役会がBの一連の任務懈怠行為に対して取締役会において度々疑義を表明したり事実関係の報告を求めるなどしていたこと、Bにより不正に多額の約束手形が振り出された際には、約束手形の所在についての説明がされなければ監査役3名は辞任する所存である旨の申し入れを行ったり、監査役として看過できず然るべき対応をせざるをえない旨を申し入れるなどしていたことから、監査役として取締役の職務執行の監査を行い一定の限度でその義務を果たしていたことが認められ、また、会計監査人か

らの指摘によって手形取扱規程が制定されており取締役会において B の職務の執行の監督や内部統制システムの整備が全く行われていなかったわけでもないとし、X に職務を行うについて重大な過失があったと認めることはできないとしました。

その結果、X は責任限定契約の定める限度で A 社に対し損害賠償責任を負うことになり、A 社は X に対して 648 万円の損害賠償請求権を有していると認められました。

〔解説〕

本判決は、会社の代表取締役により繰り返し任務懈怠行為が行われてきたという状況において、監査役には、内部統制システムの構築や当該代表取締役の解職について助言・勧告すべき義務があるとした上で、そのような助言・勧告を行わなかったことを理由として監査役の任務懈怠責任を認めた点で、重要な裁判例だといえます。また、本件における X は社外監査役であったという点や X の任務懈怠責任は認めたものの重過失は否定したという点も参考になります。

さらに、本判決において注目すべきなのは、本件では日本監査役協会が定めた「監査役監査基準」や「内部統制システムに係る監査の実施基準」に準拠して A 社の監査役監査規程や内部統制システム監査の実施基準が定められていたところ、このような場合には監査役の義務違反の有無は、これらの規程・基準に基づいて判断されるべきであると判示された点です。本件において X も主張しているように、日本監査役協会の「監査役監査基準」や「内部統制システムに係る監査の実施基準」は、ベストプラクティスを含むものであって、監査役があまねく遵守すべき規範を定めたものではないとされており、監査役の監査活動がこのモデル的な手続に準拠していないことにより、直ちに監査役の法的責任が問われるものではないとされているところ、本判決は、これ

らの基準を参考にして自社の規程・基準として制定した場合は、当該規程・基準に従って監査を遂行する義務を負う旨を判示したものといえます。つまり、本判決によれば、ベストプラクティスを含む基準であっても、それを自社の規程・基準として制定した以上は、その規程・基準に基づいて監査を行わなければならず、それを怠った場合には任務懈怠責任が発生しうるということになります。

　本判決ではXの任務懈怠責任が認められていますが、本件においてXは監査を全く行わなかったというわけではなく、以下のような監査業務を行っています。

- Xを含む監査役会が、代表取締役の一連の任務懈怠行為に対して、取締役会で度々疑義を表明し、事実関係の報告を求めるなどした
- 約束手形発行の一時停止の取締役会決議がされたにもかかわらず、多額の約束手形の発行が続けられた際には、約束手形の所在についての説明がされない場合には、監査役3名は辞任する所存である旨の申し入れを行った
- 取締役会の承認決議なしに多額の約束手形が振り出された際には、監査役として看過できず然るべき対応をせざるをえない旨の申し入れを行った

　本件においてXがこのような監査業務を行っていたにもかかわらず任務懈怠責任を負うことになったのは、上記のようにベストプラクティスを含むような基準を自社の規程・基準として定めた結果、当該規程・基準に基づく監査が義務付けられることになったことが少なからず影響した可能性があります。したがって、監査役の監査基準等について自社で規程・基準を定める場合には、本判決の判断を踏まえて、過大な義務を負う結果にならないよう注意すべきでしょう（下記**カ**参照）。

（大阪高判平成 18 年 6 月 9 日判タ 1214 号 115 頁）

〔事案の概要〕

　本件は、食品販売事業を行っていた A 社において、食品衛生法で禁止されている未認可添加物を含んだ「大肉まん」を販売していたことが発覚し、それがメディアで報道された結果、売上げが低下しフランチャイズ加盟店に対する補償等で多額の出費をしたことに関し、A 社の取締役・監査役が善管注意義務違反により会社に損害を与えたとして、同社の株主から損害賠償責任を追及する株主代表訴訟を提起された事案です。

〔判決要旨〕

　本判決は、販売終了後 1 年近くが経過しているため商品回収の可能性が低く、添加物の性質や使用量からみて消費者に健康上の被害が生じている可能性が乏しいという事情があるとしても、A 社の取締役らが同社において食品衛生法で禁止されている未認可添加物を含んだ商品を販売していた事実を把握したにもかかわらず自ら積極的には公表しないという方針をとったことに関し、取締役らの善管注意義務違反を認めました。

　すなわち、食品販売会社が事実を知りながら未認可添加物の混入した違法な食品を販売し続けたというのはそれだけで当該食品販売会社の信頼性を大きく損なわせるものであり、その上さらに当該事実を隠蔽しようとしたという事実が明らかになればより一層厳しい非難を受けることは避けられないことから、このような場合には、食品販売会社としては自ら進んで事実を公表し、すでに安全対策を講じ問題が解消していることを明らかにするなど、積極的に消費者の信頼を取り戻すために行動し、新たな信頼関係を構築していく途をとるしかないとした上で、取締役らにおいて現に行われてしまった重大な違法行為によって A 社が受ける損

害を最小限度に止める方策を積極的に検討するべきであったとしました。そして、それにもかかわらず、取締役会においてそのような方策を明示的に議論することなく、自ら積極的には公表しないなどというあいまいで成り行き任せの方針を手続的にもあいまいなままに黙示的に事実上承認したことが善管注意義務違反にあたると判断しました。また、A社の監査役についても、そのような方策の検討に参加しながら、上記のような取締役らの明らかな任務懈怠に対する監査を怠ったとして、善管注意義務違反を認めました。

〔解説〕

　本判決も社外監査役の責任を認めた裁判例として重要です。本判決では、不祥事について自ら積極的には公表しないという方針を採用し、消費者やマスコミの反応をも視野に入れた上での積極的な損害回避の方策の検討を怠った取締役らにつき善管注意義務違反を認めるとともに、そのような方策についての検討に参加していながら上記取締役らの明らかな任務懈怠に対する監査を怠ったとして社外監査役の善管注意義務違反を認めています。本判決は会社で不祥事が生じた場合にその内容にかかわらず常に公表義務があると判示したものではなく、本件が食品の安全性にかかわる不祥事とそれについての隠蔽という食品販売会社にとって存亡の危機をもたらしかねないような極めて重大な問題に関するものだったという事情から、公表を含めた損害回避の方策の検討を怠った役員らの善管注意義務違反を認めたものだと考えられます。

　会社において不祥事が発生した場合には、公表の有無を含めて、その対応につき、会社にどのような影響が生じうるかということを慎重に検討した上で判断をする必要があります。このような検討を怠った結果会社に損害が生じた場合には、取締役だけでなく社外監査役を含む監査役についても善管注意義務違反が認められ

る可能性があるということに注意しましょう。

カ　監査役監査基準

(ア)　概要について

　日本監査役協会は、監査役の行動基準として「監査役監査基準」
（以下、本章において「協会基準」といいます。）を作成し公表していま
す。この協会基準は公的な基準ではなく、その内容としては、会社法
の規定等により法的義務を伴う規範と企業統治の観点から望ましいと
される規範が混在しており、いわゆるベストプラクティスを含むもの
であるとされています。そのため、協会基準のうち法的義務を伴う部
分以外については、法的効力を有しているわけではなく、それに違反
したからといって直ちに義務違反が生じるというわけではありません。

　ただし、上記**オ**で述べたセイクレスト事件判決〔大阪高判平成27年
5月21日判時2279号96頁〕においては、協会基準に準拠して会社が
自社の監査役監査基準等（以下、「自社基準」といいます。）を定めた場
合には、同社の監査役は自社基準に従って監査を行うべき義務を負い、
それを怠った場合には監査役としての義務違反が認められる旨の判断
がなされていると考えられます。

　よって、協会基準は、原則として法的効力を有するものではないも
のの（ただし、会社法上の規定等により法的義務を伴うものを除く。）、会
社が協会基準を自社基準として定めた場合には、自社基準に従って監
査を行う義務が生じる可能性があるという点に注意が必要です。

(イ)　条項のレベル分け

　協会基準は、2015年7月23日改定以降、各条項をそれぞれの行動
規範としての意味合いによって分類した上で、5段階のレベル分けを
行っています（**〔図表2－6〕**参照）。

　このようなレベル分けは、あくまで日本監査役協会としての見解を
示したものであって、公的機関の確認を得ているわけではないことか

〔図表２－６：条項のレベル分け〕

Lv.	事項	語尾
1	法定事項	原則「ねばならない」、「できない」に統一する。 ただし、法令の文言を勘案する場合もある。
2	不遵守があった場合に、善管注意義務違反となる蓋然性が相当程度ある事項	原則「ねばならない」に統一する。
3	不遵守が直ちに善管注意義務違反となるわけではないが、不遵守の態様によっては善管注意義務違反を問われることがあり得る事項	原則「する」に統一する（「行う」等を含む。）。
4	努力義務事項、望ましい事項、行動規範ではあるが上記１～３に該当しない事項（検討・考慮すべきものの具体的な行動指針は示されていない事項等）	状況に応じて文言を選択する。なお、努力義務事項については、「努める」に統一するほか、行動規範ではあるが上記１～３に該当しない事項は、原則「～ものとする」に統一する。
5	権利の確認等上記１～４に当てはまらない事項	状況に応じて文言を選択する。

ら、訴訟等においてこのようなレベル分けのとおりに判断がなされるとは限りませんが、自社基準の制定・見直しの際の検討において非常に参考になります。

　(ｳ)　自社基準制定の際の注意事項

　実務においては、多くの会社が協会基準に準拠して自社基準を定めており、協会基準をそのまま自社基準として定めているという会社も

少なくありません。しかし、セイクレスト事件判決〔大阪高判平成27年5月21日判時2279号96頁〕において、協会基準に準拠して自社基準を定めた場合には、自社基準に従って監査を行わなければならず、それを怠った場合には監査役としての義務違反が認められる旨の判断がなされたことから、自社基準を制定するにあたっては注意が必要です。

　上記のとおり、協会基準では各条項の意味合いに応じてレベル1からレベル5までの分類がなされています。会社としては、このようなレベル分けも参考にしながら、自社の規模・実情に合った自社基準を制定するのが望ましいといえます。例えば、中小規模の会社や監査基準の簡略化を求める会社においては、レベル4、レベル5の条項については自社の状況に応じて内容を修正したり削除したりするという選択や、レベル3の条項についても表現を修正するといった選択もありえます。監査役としても、自社基準がどのように定められているのかを確認し、実情に合っていない場合には見直すことも検討すべきでしょう。

　以上のとおり、セイクレスト事件判決〔大阪高判平成27年5月21日判時2279号96頁〕を前提とすれば、協会基準の内容を検討することなくそのまま自社基準として定めることには法的なリスクがありますので、自社基準を制定する際やすでに定めている自社基準を見直す際には協会基準の内容を確認し、表現の変更や条項の取捨選択などの必要性がないか検討を行うことが重要です。会社の規模・実情を踏まえて、自社の監査役が実践できるもの、実践すべきと考えるものを選び、監査基準としてどこまで記載すべきか等の観点も踏まえながら、自社基準を制定するのがよいでしょう。

4　監査役会と社外監査役

(1)　監査役会とは

　監査役会とは、全ての監査役で組織する合議体の機関をいいます（法390 Ⅰ）。

　監査役会設置会社では、〔**図表２－７**〕のように、監査役は３人以上で、そのうち半数以上（過半数ではないことに注意。）は社外監査役でなければならないと定められています（法335 Ⅲ）。

　また、監査役会は、監査役の中から常勤の監査役を１人以上選定しなければならないとされています（法390 Ⅲ）。常勤監査役以外の監査役は非常勤監査役になります。

　常勤監査役の意義については、争いがあるものの、他に常勤の仕事がなく会社の営業時間中は原則としてその会社の監査役の職務に専念する者をいうと解されています。

　ただし、常勤監査役として選定された監査役の勤務実態が「常勤」といえるものでない場合でも、常勤監査役の選定が無効になるわけで

〔図表２－７：監査役会の構成〕

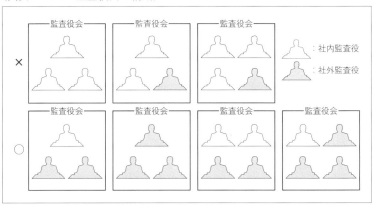

はなく、当該監査役の善管注意義務違反の問題が生じるのみだと考えられています。

このように、監査役会は社外監査役と社内監査役とで構成されており、また、常勤監査役と非常勤監査役とで構成されています。

なお、実務上、常勤監査役となるのは社内監査役であることが多いですが、社外監査役を常勤監査役に選定することも可能であり、実際そのようなケースもあります。

---

(2)　監査役会の職務

監査役会は次のような職務を行います（法390Ⅱ各号）。

---

① 　監査報告の作成（法390Ⅱ①）
② 　常勤監査役の選定および解職（法390Ⅱ②）
③ 　監査の方針、会社の業務・財産状況の調査方法、その他の監査役
　 の職務の執行に関する事項の決定（法390Ⅱ③）

ア　監査報告の作成

監査役会設置会社においては、各監査役の作成した監査報告に基づき、監査役会監査報告が作成されます（法390Ⅱ①、法施行規則130Ⅰ、会社計算規則128Ⅰ）。

監査役会が監査役会監査報告を作成するにあたっては、1回以上会議を開催する方法または情報の送受信により同時に意見の交換をすることができる方法により、監査役会監査報告の内容の審議を行わなければならないとされています（法施行規則130Ⅲ、会社計算規則128Ⅲ）。

監査役会監査報告の記載事項は、①監査役および監査役会の監査の方法およびその内容、②監査の結果（事業報告およびその附属明細書が法令または定款に従い会社の状況を正しく示しているかどうかについての意見等）、③監査役会監査報告の作成日とされています（法施行規則130Ⅱ、会社計算規則128Ⅱ）。なお、監査役会監査報告の内容と監査

役監査報告の内容が異なる場合には、監査役は当該事項に関する監査役監査報告の内容を監査役会監査報告に付記することができます。監査報告の作成に関するより詳細な内容については、第5章 **7** で説明します。

イ　常勤監査役の選定および解職

すでに述べたとおり、監査役会は監査役の中から常勤監査役を1人以上選定しなければなりません（法390Ⅲ）。監査役会の決議は、監査役の過半数をもって行うとされており（法393Ⅰ）、常勤監査役の選定も監査役の過半数により決議されます。また、常勤監査役の解職についても、選定と同様に、監査役の過半数により決議されます。

ウ　監査の方針、会社の業務・財産状況の調査方法、その他の監査役の職務の執行に関する事項の決定

監査役会は、監査の方針、会社の業務および財産の状況の調査の方法その他の監査役の職務の執行に関する事項を決定するとされています（法390Ⅱ③）。このような決定も、法393条1項に基づき、監査役の過半数をもって行うとされています。ただし、同決定によっても各監査役の権限の行使を妨げることはできないとされています（法390Ⅱただし書）。

実務では、監査の重複を避け組織的・効率的な監査を行うために、監査役会の決定により各監査役の職務の分担を定めることがしばしばあります。上述のとおり、職務の分担について監査役会の決定がなされた場合であっても、各監査役が分担された職務以外の権限を行使することは妨げられないことから、監査役会の決定により職務分担を定めることの法的意義は、定められた分担が合理的と判断される限り、各監査役は自己の分担外の事項については職務遂行上の注意義務が軽減される点にあると考えられます。もっとも、それはあくまで注意義務の軽減であって免除ではなく、自己の分担外の事項だからといって

任務懈怠責任を負わないというわけではありません。なお、監査役の取締役会への出席は監査役の義務とされているため（法383 I）、例えば特定の監査役に取締役会出席を免除する旨の職務分担の決定をすることはできないと考えられています。

(3)　監査役会と社外監査役の関係

　上記(2)**ウ**で述べたとおり、監査役会は監査の方針、会社の業務・財産状況の調査方法、その他の監査役の職務の執行に関する事項の決定を行うことができるとされていますが、その一方で、同決定は各監査役の権限の行使を妨げることはできないとされています（法390 II③・ただし書）。そのため、監査役会が上記事項について決定する趣旨は、各監査役による監査の重複による無駄を省き組織的・効率的な監査を可能にすることにあり、監査役会設置会社においても監査役は独任制の機関として各自が単独でその権限を行使することができると考えられます。

　監査役会設置会社においても監査役の独任制がとられていることは、監査役会監査報告の内容と自己の監査役監査報告の内容が異なる場合に監査役が監査役会監査報告に自己の監査役監査報告の内容を付記することができるとされている点（法施行規則130 II後段、会社計算規則128 II後段）や、監査役会の招集権者が各監査役とされており、招集権者を限定することが認められていない点（法391）にも現れています。

　他方で、監査役会を通じて組織的・効率的な監査を行うという観点から、監査役間の情報共有を可能にするため、監査役は監査役会の求めがあるときは、いつでもその職務の執行の状況を監査役会に報告しなければならないとされています（法390 IV）。なお、このような報告については、監査役の全員に対して監査役会に報告すべき事項を通知したときは監査役会への報告は不要とされています（法395）。

　以上のような監査役と監査役会の関係は、社外監査役についてもあてはまります。

第 **3** 章

社外監査役が理解すべき
取締役の義務と責任

1 はじめに

監査役は取締役の職務の執行を監査するとされており（法381 Ⅰ）、業務監査として取締役の職務執行につき法令・定款に違反したり著しく不当な事項がないかを監査するという職務を負っています。そのため、監査役は自らの職務を行うにあたり、取締役が法的にどのような義務・責任を負っているのかについて理解しておく必要があります。

そこで、以下では社外監査役を含め、監査役が理解すべき取締役の義務・責任について説明します。

2 取締役の義務

(1) 善管注意義務

取締役と会社との関係は、監査役の場合と同様、委任に関する規定に従うとされていることから（法330）、取締役は、その職務の遂行に関し善良な管理者としての注意義務、すなわち善管注意義務を負うことになります（民法644）。また、注意義務の程度についても、監査役の場合と同様に、業務を委任された人の職業や社会的地位などから考えて通常期待される程度のものとされています。

(2) 忠実義務

取締役は、法令・定款および株主総会の決議を遵守し、会社のため忠実にその職務を行わなければならないとされています（法355）。このような義務を忠実義務といいます。

忠実義務と善管注意義務との関係については、忠実義務は善管注意義務の一部であるとする見解と、忠実義務は会社の利益を犠牲にして

自己の利益を図ってはならないという特殊な義務であって善管注意義務とは別個独立の義務であるとする見解があります。この点に関し、判例〔最大判昭和45年6月24日民集24巻6号625頁〕は、忠実義務に関する規定は民法644条の規定する善管注意義務を敷衍し明確にしたものにすぎず、善管注意義務とは別個の高度な義務を規定したものと解することはできないとしており、前者の見解をとっています。

　なお、判例のように忠実義務が善管注意義務の一部にすぎないという見解をとったとしても、特に会社の利益を犠牲にして自己の利益を図った場合には忠実義務違反と呼ぶことが多いです。

(3)　競業取引・利益相反取引規制

　取締役は、以下の場合には、取締役会において当該取引について重要な事実を開示し、その承認を受けなければならないとされています（法356Ⅰ、365Ⅰ）。

---

① 　取締役が自己または第三者のために会社の事業の部類に属する取引をしようとするとき
② 　取締役が自己または第三者のために会社と取引をしようとするとき
③ 　会社が取締役の債務を保証することその他取締役以外の者との間において会社と当該取締役との利益が相反する取引をしようとするとき

---

　①は競業取引について、②は利益相反取引（直接取引）について、③は利益相反取引（間接取引）についてそれぞれ定めたものです。これらは、取締役が自己または第三者の利益を図るために会社の利益を害するおそれがあることから、そのような事態を防止するために、善管注意義務や忠実義務に加えて、特別な規制として設けられたものです。

①競業取引については、業務執行の意思決定に関与する上で、顧客・ノウハウ等の会社の内部情報を入手しやすい地位にある取締役が会社と競業する取引を行う場合、取締役の地位から得た人脈・知識等を利用して会社の取引先を奪うなど会社の利益が犠牲にされるおそれが大きいことから、規制の対象とされています。

　また、②利益相反取引（直接取引）については、取締役が直接会社と取引を行う場合や、第三者を代理・代表して会社と取引を行う場合には、本来会社の利益を図らなければならない取締役が会社の利益を犠牲にして自己または第三者の利益を図る危険があることから、規制の対象とされています。

　さらに、③利益相反取引（間接取引）については、会社と取締役以外の者との取引であっても、取締役個人の債務を会社が保証する場合のように、取締役と会社の利益が相反するときには、会社の利益が犠牲にされる危険性が高いことから、このような行為も規制の対象とされています。

　このような競業取引・利益相反取引規制の具体的な内容については、第5章**9**で説明します。

3　取締役の責任

　取締役が負う責任には、大きく分けて①会社に対する責任と、②第三者に対する責任があります。①会社に対する責任は、さらに任務懈怠責任とそれ以外の責任に分けることができます（〔**図表3－1**〕参照）。実務においては、任務懈怠責任がしばしば問題となります。

〔図表３－１：取締役の責任の全体像〕

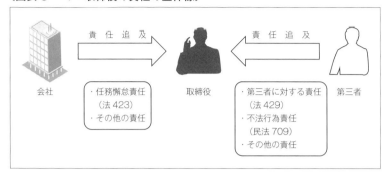

このような取締役の責任について、以下で説明していきます。

(1) 会社に対する責任

ア　任務懈怠責任

　取締役は、任務を怠ったことにより会社に損害が生じた場合、その損害を賠償する責任を負うとされています（法423 I）。

　具体的には以下で説明するように、法令の規定や取締役の義務などに違反した場合に任務懈怠責任が問題となります。

(ｱ)　具体的な法令・定款違反

　まず、取締役が具体的な法令・定款に違反する行為を行った場合には、基本的に裁量の余地なく任務懈怠が認められることになります。ここでいう法令は全ての法令が該当するとされており、会社・株主の利益保護を目的とする会社法の具体的な規定だけでなく、公益の保護を目的とするような独占禁止法等の法律も含まれます。

(ｲ)　業務執行に関する注意義務違反

　次に、具体的な法令・定款違反行為をしたという場合でなくとも、取締役は自らが関与した業務執行について、任務懈怠責任を問われる

場合があります。例えば、取締役会決議を経てある事業を行ったものの、当該事業が失敗し会社に損害が発生してしまったような場合に、当該事業に関わった取締役の任務懈怠責任が問題とされることがあります。もっとも、経営上の判断は不確実な状況で迅速に行わなければならず、結果的に失敗したからといって直ちに取締役に任務懈怠責任があるとするのは酷です。そのため、このような場面における責任については、経営判断の原則という考え方がとられています。これは重要な原則ですので、下記**4**で改めて説明します。

　　(ウ)　監視・監督義務違反

　また、取締役は、自らが関与していない法令・定款違反行為についても、任務懈怠責任を負うことがあります。

　取締役には、他の取締役や従業員の行為が法令・定款を遵守し適法かつ適正になされていることを監視・監督する義務があります〔取締役の監視義務につき最判昭和 48 年 5 月 22 日民集 27 巻 5 号 655 頁〕。取締役がこのような監視・監督義務を怠った場合には、自らは法令・定款違反行為を行っていなくとも、任務懈怠責任を負う可能性があります。監視・監督の対象となる取締役は、代表取締役に限らず自分以外の全ての取締役であり、また、取締役だけでなく従業員も対象となります。

　もっとも、他の取締役等が法令・定款違反行為を行った場合に常に監視・監督義務違反が認められるというわけではありません。監視・監督義務違反が認められるためには、前提として、予見可能性と結果回避可能性が必要であると考えられており、その法令・定款違反行為を察知し事前に防止することが可能であったにもかかわらず、止めなかったような場合に、監視・監督義務違反が認められることになります。

　　(エ)　内部統制システム整備義務違反

　さらに、他の取締役等の法令・定款違反行為を事前に察知すること

ができず、そのような行為を防止することが不可能であったとして監視・監督義務違反が認められない場合でも、そもそも適切な内部統制システムが整備されていたかが問題となる可能性があります。

　一定程度以上の規模の会社においては、健全な会社経営のために会社が営む事業の規模・特性等に応じた内部統制システムを整備する必要があり、取締役は取締役会の構成員として、内部統制システムの整備義務や、その義務の履行を監視する義務を負うと考えられています（大和銀行事件〔大阪地判平成12年9月20日判時1721号3頁〕）。このような内部統制システム整備義務については第4章で詳述しますが、そもそも最低限の内部統制システムが適切に整備されていなかった場合には、取締役が問題となる事実を知らなかったために不祥事等を防止することができなかったとしても、内部統制システム整備義務違反により任務懈怠となりうるのです。

　以上の取締役の任務懈怠責任をまとめると、〔**図表3-2**〕のようになります。

〔**図表3-2：任務懈怠責任の全体像**〕

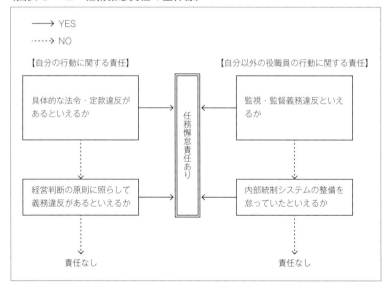

イ　その他の責任

　会社法では、取締役の会社に対する責任として、任務懈怠責任以外にも、①利益供与責任、②現物出資財産の価額填補責任、③剰余金の配当等に関する責任等が特別に定められています。

㋐　利益供与責任

　会社が株主の権利行使に関し財産上の利益を供与した場合、当該利益供与に関与した取締役は、供与した利益の価額に相当する額を会社に対して支払う義務を負うとされています。ただし、その職務を行うにつき注意を怠らなかったことを証明した場合は、この限りではありません（法120Ⅳ）。

　これは、利益供与に関与した取締役の注意義務を政策的に加重したもので、本来であれば利益供与を受けた者から返還されるべき利益相当額を、関与した取締役の側で返還するよう義務を課すものです。

㋑　現物出資財産の価額填補責任

　募集株式の発行等の際の現物出資財産の価額が、募集事項として定められた財産の価額に著しく不足する場合、募集に関する職務を行った取締役等は不足額を会社に対して支払う義務を負います（法213Ⅰ）。ただし、検査役の調査を経た場合や、その職務を行うにつき注意を怠らなかったことを証明した場合には、この義務を負わないとされています（法213Ⅱ）。

　また、新株予約権の行使の際の現物出資についても同様の定めが設けられています（法286Ⅰ・Ⅱ）。

㋒　剰余金の配当等に関する責任

　剰余金の配当や自己株式の取得に際して、分配可能額を超える金銭等の交付が行われた場合には、当該行為に関する職務を行った取締役等は、金銭等の交付を受けた者が交付を受けた金銭等の帳簿価額に相

当する金銭を支払う義務を負います（法462 I）。ただし、その職務を行うについて注意を怠らなかったことを証明した場合は、この義務を負わないとされています（法462 II）。

　これは、本来であれば金銭等の交付を受けた者が交付された金銭等を返還すべきところ、対象となる株主数が多かったり、回収のために訴訟費用を要するおそれがあるなどの事情により、完全な実現は困難であるため、当該金銭交付等に関与した取締役等に特別な責任を負わせたものです。

ウ　責任の免除

㋐　総株主の同意による免除

　上記**ア**、**イ㋐㋒**で述べた、取締役の任務懈怠責任、利益供与責任および剰余金の配当等に関する責任を免除するためには、後述する任務懈怠責任の一部免除の場合を除き、総株主の同意が必要となります（法424、120 V、462 IIIただし書）。なお、現物出資財産の価額填補責任については、他の責任と異なり、免除を制限する規定は置かれていません。

㋑　任務懈怠責任の一部免除

　取締役の任務懈怠責任についても監査役と同様に一部免除することが可能です（監査役の責任免除等については第2章**3**(2)**ア㋑**参照）。すなわち、取締役が職務を行うにつき善意・無重過失であったときは、①株主総会の特別決議または②定款の定めに基づく取締役会決議により、賠償責任を負う金額から会社法の定める最低責任限度額を差し引いた残額を限度として免除することができます（法425 I、426 I）。また、③業務執行取締役等以外の取締役について、定款の定めに基づき責任限定契約を締結することにより、職務を行うにつき善意・無重過失であった場合に任務懈怠責任が一定の範囲に限定される旨をあらかじめ定めておくことができます（法427 I）。

取締役の最低責任限度額は、原則として、代表取締役については報酬等の6年分に、業務執行取締役については報酬等の4年分に、それ以外の取締役については報酬等の2年分に、それぞれ相当する金額とされています（法425 I ①）。

　上記の責任の一部免除を行うにあたり、上記①において株主総会に責任免除の議案を提出する場合、上記②において責任免除の定めを設ける旨の定款変更議案を株主総会に提出する場合、定款の定めに基づく責任免除議案を取締役会に提出する場合、および上記③において責任限定契約についての定めを設ける旨の定款変更議案を株主総会に提出する場合には、各監査役の同意を得なければならないとされています（法425 III ①、426 II、427 III）。すなわち、取締役の任務懈怠責任の一部免除の手続においては、監査役全員の同意が必要とされているのです。そのため、監査役としては責任免除が会社の利益に合致するか否かを検討した上で、同意・不同意を判断することが求められます。

(2) 第三者に対する責任

　取締役は、その職務を行うにつき悪意または重過失があったときは、これによって第三者に生じた損害を賠償する責任を負うとされています（法429 I）。

　取締役の職務執行により第三者に損害を与えた場合、不法行為責任（民法709条）を追及することも考えられますが、会社法では、第三者保護の観点から、不法行為責任とは別に特別の法定責任として上記の責任を定め、不法行為責任の要件を満たさない場合でも、取締役が悪意・重過失により会社に対する任務を懈怠し第三者に損害を被らせたときは、当該任務懈怠行為と第三者の損害との間に因果関係がある限り、損害賠償責任を負うこととしています。

　上記規定による賠償の対象となる損害には、直接損害と間接損害があります。直接損害は、取締役の悪意・重過失により会社には損害がなく直接第三者に損害が生じる場合であり、具体的には、会社が倒産

する直前に取締役が返済の見込みがない借入をしたことにより相手方が被った損害などが考えられます。他方、間接損害は、取締役の悪意・重過失により会社が損害を被り、その結果第三者に損害が生じる場合であり、具体的には、取締役の放漫経営等により会社が倒産したため会社から債権の弁済を受けられなくなった会社債権者が被った損害などが考えられます（〔図表３－３〕参照）。

〔図表３－３：直接損害と間接損害〕

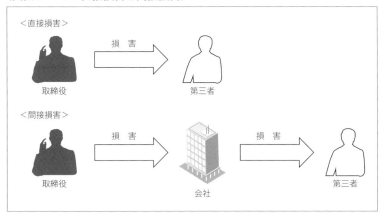

　また、取締役は、①株式・社債等を引き受ける者の募集をする際に通知しなければならない重要な事項について虚偽の通知を行ったとき等、②計算書類・事業報告等に記載すべき重要な事実について虚偽の記載を行ったとき等、③虚偽の登記を行ったとき、④虚偽の公告を行ったときも、第三者に対し損害賠償責任を負います（法429Ⅱ①）。

　なお、取締役の第三者に対する責任に関しては、会社法以外にも、金商法に基づく有価証券報告書の虚偽記載による責任等、他の法令に基づく責任も存在することに注意が必要です。

　役員等の人材確保の必要性や、過度にリスクを怖れず適切な判断を
行えるよう、令和元年会社法改正によって、会社補償・役員等賠償責
任保険（D&O 保険）契約の制度が整備されました（法 430 の 2、430 の
3）。

　内容や手続等については、監査役の場合と同様です（第 2 章 **3** ⑵**エ**
参照）。

4　経営判断の原則と事例からみる留意点

⑴　経営判断の原則とは

　経営に関する判断は、不確実かつ流動的な状況のもとで迅速に行う
必要があり、時に冒険的、創造的な判断を求められるものであること
から、必然的に一定のリスクが伴います。このような特性からすれば、
取締役の経営判断が結果的に失敗だった場合に常に任務懈怠責任が認
められるというのは取締役にとって酷ですし、そのような責任を課す
ことで取締役の活動を委縮させることになれば、かえって会社の利益
を害する結果になりかねません。そこで、経営判断については取締役
に広い裁量を認め、一定の要件を満たす限り、結果的に会社に損失が
発生したとしても、取締役は会社に対する法的責任を負わないとする
考え方がとられています。この考え方を経営判断の原則といいます。

　このような経営判断の原則については、明文の規定はなく、その内
容や要件は必ずしも明確ではありませんが、これまで多くの下級審の
裁判例で認められてきました。下級審裁判例によれば、経営判断の原
則の内容は、①判断の前提となった事実認識に重要かつ不注意な誤り
がなく、②意思決定の過程・内容が企業経営者として特に不合理・不

適切なものといえない限り、当該取締役の行為は、善管注意義務違反ないしは忠実義務違反にはならないというものとされています。したがって、取締役が行った経営判断に関しては、結果として会社に損失が発生することになったとしても、このような基準を満たす限り取締役は責任を負わないということになります。

　この点、日本監査役協会の監査役監査基準23条2項では、以下の視点から経営判断の原則の適用について監視・検証するように示しています。

- ・　事実認識に重要かつ不注意な誤りがないこと
- ・　意思決定過程が合理的であること
- ・　意思決定内容が法令または定款に違反していないこと
- ・　意思決定内容が通常の企業経営者として明らかに不合理ではないこと
- ・　意思決定が取締役の利益または第三者の利益でなく会社の利益を第一に考えてなされていること

---

(2)　経営判断の原則が問題となった事例

■重要判例①　セメダイン事件

（東京地判平成8年2月8日資料版商事144号115頁）

〔事案の概要〕

　本件は、経営不振に陥った合弁会社の株式を取得したこと等が問題となった事例です。

　A社はB社と合弁契約を締結しアメリカで合弁会社であるC社（両社ともに50％ずつの株式保有）を設立しましたが、C社の業績は赤字続きで、A社およびB社から融資等がなされたものの、C社の経営状況は改善しませんでした。そこでC社の業績を回復させるために、A社はB社との間で、C社の新株をB社に割

り当てること（新株発行後のＣ社の持株比率はＡ社が5％、Ｂ社が95％）、Ａ社はＣ社に追加の貸付や出資は行わないこと、Ａ社はＣ社取締役の任命権を失うこと等を内容とする覚書を締結しました（本件覚書締結）。

　ところが、Ｃ社の経営はその後も好転しなかったことから、Ａ社は方針の転換を行い、Ｂ社の保有するＣ社株式の全部を取得してＣ社を完全子会社化することを取締役会において承認しました（本件会社買収）。この取引において、Ａ社は、Ｂ社の出資額に加え、Ｂ社のＣ社に対する融資残高約237万ドルを肩代わりするとともに、Ｂ社に対してそれまでのマネジメント報酬分として100万ドルを支払いました。また、Ａ社は取締役会において、本件会社買収を前提として、Ｃ社の銀行に対する債務について250万ドルの保証を行う旨を決議しました。

　本件は、このようなＡ社の一連の行動に関し、Ａ社の株主が、本件会社買収またはそれに先立つ本件覚書締結が善管注意義務に違反するとして、Ａ社の取締役らに対して株主代表訴訟を提起した事案です。

〔判決要旨〕
　本判決は、本件会社買収に関する取締役の義務違反の有無について、以下のように判示しました。

　まず、取締役の経営判断に関し、市場における企業行動の決定は、流動的かつ不確実な市場の動向の予測、複雑な要素が絡む事業の将来性の判定の上に立って行われるものであるから、経営者の総合的・専門的な判断力が最大限に発揮されるべき場面であって、その広範な裁量を認めざるをえない性質のものであるとし、そのような判断において、その前提となった事実の認識に重要かつ不注意な誤りがなく、意思決定の過程・内容が企業経営者として特に不合理・不適切なものといえない限り、当該取締役の行為

は、取締役としての善管注意義務ないしは忠実義務に違反するものではないと解するのが相当であるという基準を示しました。

そして、本件会社買収の決定に法令・定款違反等の問題はなく、取締役らが自己または会社以外の第三者の利益のために当該決定をしたと疑うべき根拠もないとした上で、当該決定において、取締役らの判断の前提となった事実の認識に重要かつ不注意な誤りがあったと認めるべき証拠はなく、意思決定の過程・内容が企業経営者として特に不合理・不適切なものであったと認めるべき事情もないとして、取締役らが行った本件会社買収の決定は、取締役としての善管注意義務ないしは忠実義務に違反する行為であったということはできないとしました。

なお、本件会社買収については、銀行のM&A部門、海外事業コンサルタント等、海外M&Aについて知識・経験を有すると認められる者の意見を求め、その賛成を得ている点を指摘しており、また、本件会社買収後C社の収益状況が著しく改善されたことも、本件意思決定が特に不合理・不適切なものでなかったと判断する事情の1つとなりうるとしました。

さらに、本件では合弁相手であるB社に対して支払った価格に関し株式の引取価格の相当性や報酬分の支払の妥当性の問題がありましたが、その点については、対価の額の決定自体が経営上の裁量判断の対象とならざるをえないのであって、株価の決定が純資産価格法等の一般的な方式によるものでないこと、論議の余地があるB社の報酬分を支払ったことをもって直ちに不当であるとはいえず、合弁事業の完全な支配権を円滑に取得することに大きな積極的・消極的利益を認めて買収を決定したことからすれば、本件対価の額の決定が経営裁量の範囲を逸脱していると認めるだけの根拠はないとしました。

〔解説〕

本判決は、①判断の前提となった事実認識に重要かつ不注意な誤りがなく、②意思決定の過程・内容が企業経営者として特に不合理・不適切なものといえない限り、当該取締役の行為は善管注意義務違反ないしは忠実義務違反にはならないという経営判断の原則の一般論を述べた上で、本件会社買収における取締役らの意思決定は、①②を満たすとして、善管注意義務ないしは忠実義務に違反するものではないとしました。

合弁解消の場面においては、合弁相手を撤退させ事業の円滑な引継ぎを受けて完全な支配権を取得するために、株式の評価や精算金の支払等に関して、それまでの様々な経緯を加味した特殊な考慮が必要になる場合も想定されます。本判決でも、合弁解消における対価の決定につき広い裁量を認め、取締役の責任を否定しました。

本判決では、本件会社買収の決定をするにあたり、銀行や海外事業コンサルタント等の第三者の意見を求め賛成を得ていたという事情や、本件会社買収後にC社の収益状況が著しく改善されたという事情が挙げられています。これらは、取締役の善管注意義務違反を否定する方向に働く事情であると考えられますので、実務において参考になるものといえます。

■重要判例②　アパマンショップホールディングス事件

（最判平成 22 年 7 月 15 日金判 1347 号 12 頁）

〔事案の概要〕

本件は、子会社を完全子会社化するために、子会社の株主から時価（約1万円）より高い出資価格（5万円）で子会社株式の買取りを行ったことが問題となった事案です。

不動産賃貸あっせんのフランチャイズ事業等を展開するA社は、グループ会社の事業再編を行うべく、約 66.7％の株式を有す

る子会社B社を完全子会社化するために、B社の株式を株主から5万円で任意に買い取りました。そして、任意の買取りに応じなかった株主に対しては株式交換を行いました。このような判断に関し、任意での買取価格が、株式交換比率の算定において評価された株式評価額の約5倍もの価格であったことから、A社の株主が同社の取締役らに対し善管注意義務違反に基づく損害賠償を求めた株主代表訴訟を提起しました。

第1審では取締役らに善管注意義務違反はないとして請求が棄却されましたが、原審〔東京高判平成20年10月29日資料版商事297号157頁〕は、本件買取価格の決定において十分な調査・検討等がなされていないこと等から、取締役らの善管注意義務違反を認定しました。

〔判決要旨〕

本判決では、A社がB社の株主からB社株式を任意に買い取ったこと（以下、「本件取引」といいます。）について、B社をA社の完全子会社であるC社に合併して不動産賃貸管理業務等の事業を担わせるというA社のグループの事業再編計画の一環として、B社をA社の完全子会社とする目的で行われたものであるところ、このような事業再編計画の策定は、完全子会社とすることのメリットの評価を含め、将来予測にわたる経営上の専門的判断にゆだねられていると解されるとしました。そして、この場合における株式取得の方法や価格についても、取締役において、株式の評価額のほか、取得の必要性、A社の財務上の負担、株式の取得を円滑に進める必要性の程度等をも総合考慮して決定することができ、その決定の過程、内容に著しく不合理な点がない限り、取締役としての善管注意義務に違反するものではないと解すべきであるとしました。

その上で、このような見地からすると、①A社がB社の株式

を任意の合意に基づいて買い取ることは、円滑に株式取得を進める方法として合理性があるというべきであるし、②その買取価格についても、B社の設立から5年が経過しているにすぎないことからすれば、払込金額である5万円を基準とすることには、一般的にみて相応の合理性がないわけではなく、③A社以外のB社の株主にはA社が事業の遂行上重要であると考えていた加盟店等が含まれており、買取りを円満に進めてそれらの加盟店等との友好関係を維持することが今後におけるA社およびその傘下のグループ企業各社の事業遂行のために有益であったことや、④非上場株式であるB社の株式の評価額には相当の幅があり、事業再編の効果によるB社の企業価値の増加も期待できたことからすれば、株式交換に備えて算定されたB社の株式の評価額等が約1万円であったとしても、買取価格を1株あたり5万円と決定したことが著しく不合理であるとは言い難いとしました。そして、本件取引を実施するという決定に至る過程においては、A社およびその傘下のグループ企業各社の全般的な経営方針等を協議する機関である経営会議において検討され、弁護士の意見も聴取されるなどの手続がとられていることから、その決定過程にも何ら不合理な点は見あたらないとしました。

　その結果、本件取引を行う旨の決定をした取締役らの判断は、A社の取締役の判断として著しく不合理なものということはできないから、取締役らが、A社の取締役としての善管注意義務に違反したということはできないとしました。

〔解説〕

　本件では、事業再編計画の一環として子会社株式を取得するにあたり買取価格を時価よりも高い払込金額である5万円と決定したことにつき、取締役の善管注意義務違反の有無が問題となりました。

原審は買取価格の決定において十分な調査・検討等がなされていないこと等を理由に取締役の善管注意義務違反を肯定したのに対し、本判決は子会社の設立時期や当時の払込金額、子会社株主に重要な加盟店等が含まれていること等の事情も考慮した上で買取価格の合理性について判断し、取締役の善管注意義務違反を否定しました。

　本判決では、買取価格を決定する過程につき何ら不合理な点が見あたらないと判示していますが、その根拠として経営会議における検討に加えて弁護士の意見を聴取したことが挙げられており、専門家からの意見聴取が善管注意義務違反を否定する方向に働く事情として評価されたものと考えられます。

　また、本判決は、「経営判断の原則」という用語は用いていないものの、取締役の善管注意義務に関して、「その決定の過程、内容に著しく不合理な点がない限り、取締役としての善管注意義務に違反するものではない」と判示しており、最高裁として初めて経営判断の原則の考え方について下級審裁判例と同様の判示をしたという点で注目されます。もっとも、本判決の基準の内容や適用については必ずしも明らかではないため、実務としては、従来どおりの経営判断の原則の基準を踏まえた対応をするのがよいでしょう。

■重要判例③　四国銀行事件

（最判平成21年11月27日資料版商事310号245頁）
〔事案の概要〕

　本件は、銀行が経営状況の悪化している会社に融資を行ったことが問題とされた事案です。

　A銀行は、県から要請を受けて、県が融資を計画しているB社に対し、県からの融資が実行されるまでのつなぎ融資として9億5000万円を融資しました。しかし、その後県からの融資が実

行されない状態が続く中、追加融資をしても容易には回収できないと見込まれる一方で、追加融資をしなければＢ社が倒産する可能性が高く、県からの融資により回収することを予定していた上記つなぎ融資まで回収不能になるおそれがあるという状況に陥りました。このような状況において、Ａ銀行はＢ社に対し数回にわたり追加融資を行いました。上記のようなＡ銀行のＢ社に対する一連の融資について、Ａ銀行の株主は、回収可能性がないにもかかわらず融資を実行したものだとして取締役らに損害の賠償を求め株主代表訴訟を提起しました。

〔判決要旨〕

　本判決は、つなぎ融資について、県の融資実行によりほぼ確実に回収できると判断することには合理性が認められるとして善管注意義務違反を否定した一方、一部の追加融資について決済関与取締役の善管注意義務違反を認定しました。

　本件追加融資の合理性について判断するにあたり、本判決は、融資金の回収の見込みがほとんどない状況において、取締役による追加融資実行の決裁に合理性が認められるのは、本件つなぎ融資の融資金の回収原資をもたらす本件県融資が実行される相当程度の確実性があり、これが実行されるまでＢ社の破綻・倒産を回避して、これを存続させるために追加融資を実行した方が、追加融資分それ自体が回収不能となる危険性を考慮しても、全体の回収不能額を小さくすることができると判断すること（以下、この判断を「本件回収見込判断」といいます。）に合理性が認められる場合に限られるとしました。

　そして、①Ａ銀行は、県の担当者から、創業者一族をＢ社の経営から排除することを県のＢ社に対する融資の条件とする旨の知事の意向につき連絡を受けていたこと、②その当時、法的手続を通じて創業者一族をＢ社の経営から排除することは困難な

状況にあり、その後も同人らを排除できない状況が続いていたこと、③その間、A銀行は、県に対し、2度にわたり期限を定めて県のB社に対する融資の実行を求めたにもかかわらず、県は融資を実行せず、その時点で、上記①の連絡を受けてから10か月以上が経過していたこと、④それまでには、A銀行自身も、資産査定において、B社の債務者区分を要注意先から破綻懸念先に変更するに至っていたことなどの事情の下では、それ以降に実行された追加融資については、本件回収見込判断は著しく不合理であったといわざるをえず、このような追加融資の決済に関与した取締役には善管注意義務違反があると認定しました。

〔解説〕

本判決は、銀行が行ったつなぎ融資とそれに続く追加融資に関し、つなぎ融資については、ほぼ確実に回収ができると判断することには合理性が認められるとする一方、その後の一部の追加融資については、ほとんど回収見込みがない状況下の融資であって、単に回収不能額を増大させるだけであるから、当該追加融資の決裁に関与した取締役の本件回収見込判断は著しく不合理であるとして善管注意義務違反を肯定しました。

通常、融資の相当性は、融資の際に回収可能性がどの程度あったのかが判断基準になると考えられます。そのため、実質的に破綻状態にある会社への融資は、回収不能が予見されることから、相当性が認められない場合が多いといえます。もっとも、本件のように、運転資金の追加融資をしないと債務者が破綻し、既存融資の回収が困難になってしまうような場合に、追加融資自体について回収不能が予見されるからといって直ちに融資の相当性が否定されるわけではありません。裁判例でも、実質的に破綻状態にある会社への融資について、延命させることにより短期的には損失計上しても中長期的には銀行にとって利益となる場合には許容

される旨を判示したものがあります（拓銀カブトデコム事件〔最判平成20年1月28日判タ1262号69頁〕）。

　銀行にとって利益となるか否かの見通しは、様々な事情を考慮した上での専門的かつ総合的な経営判断であり、取締役の裁量が認められるものと考えられますが、本判決は、経営判断の限界を示した事例だといえます。また、破綻金融機関においては役員の会社に対する責任を認めた裁判例が相当数存在する一方で、破綻していない金融機関についてはそのような裁判例は少ないことから、本判決は破綻していない金融機関の融資について厳しい判断がなされた事例という点でも注目されます。

(3)　実務における留意点

ア　経営判断の原則を意識すべき場面

　経営判断の場面においては、取締役としては、当該判断が善管注意義務違反とならないよう、経営判断の原則を踏まえた対応をすることが求められます。もっとも、あらゆる決定を厳格に行うというのは現実的ではありません。そこで、特に以下のような場面において経営判断の原則を意識した判断がなされているかが重要となります。

〔経営判断の原則を意識すべき場面〕
- ・　規模の大きいM&A、投資、新規事業等
- ・　一時的に損失が発生しうる取引
- ・　経営不振に陥ったグループ会社に対する債権放棄、追加融資等
- ・　通常よりも不利益な条件の取引
- ・　リスクの高い行為

イ　経営判断における留意点

(ア)　意思決定の前提となる情報収集と分析

経営判断の原則の適用を検討する場合には、同一業界・規模におけ

る会社において、同様の事案を判断する際に通常なされるのと同程度の対応がとられているかという点を意識するようにしましょう。

経営判断の原則は、①判断の前提となった事実認識に重要かつ不注意な誤りがなく、②意思決定の過程・内容が企業経営者として特に不合理・不適切なものといえない限り、当該取締役の行為は、善管注意義務違反ないしは忠実義務違反にはならないというものとされています。

取締役が企業経営において、あえて特に不合理・不適切な選択をすることは少ないと考えられますので、経営判断の原則の適用において特に意識すべきなのは、判断の前提となる情報収集と分析が十分行われているかという点になります。

したがって、実務的には、会社と同一の業界や規模における会社において、当該事案を判断する際に通常なされるのと同程度の情報収集や分析が行われているかを確認することが大切です。具体的には、通常デューディリジェンス等の調査が行われるようなM&Aを決定する場合には当該事案においても同様の調査が実施されているか、また、法的判断が容易ではない事案の場合には弁護士等の意見が得られているかなどを確認することになります。

(イ) 選択肢を用いた検討

判断に際しては、複数の選択肢を用いて検討を行うことを心掛けるとよいでしょう。また、その際には、各選択肢についてメリットだけではなくデメリット・リスクも挙げて検討するようにしましょう。

例えば、Aという取引を行うかについて判断する場合、少なくともAを実施するか否かという選択肢が考えられますし、AのほかにBという取引を選びうる場合には、Bを含めて検討を行うのがよいでしょう。そして、各選択肢におけるメリット・デメリット・リスクの比較等について、可能であれば数値化して、具体的に検討することが望ましいといえます。

㈡　必要に応じた専門家の意見取得

　必要に応じて専門家の意見を取得することも有効です。実際、裁判例においても、善管注意義務違反を否定する事情として専門家の意見取得が挙げられることがしばしばあります。また、専門家から意見を取得する過程において、必要に応じて資料の修正、追加等が求められることがあります。これにより、後の裁判に耐えうる証拠化や情報収集の充実化も期待できます。ただし、専門家の意見を取得していれば常に注意義務違反が否定されるというわけではありませんので注意が必要です。

㈢　問題の先送りではないこと

　経営判断の場面において決して行ってはならないのが、問題の先送りです。経営判断において前提となる事情に大きな変化が生じた時期や、不祥事等の対応を検討する際などには、この点に十分注意する必要があります。

　従来と同様の取引を行う場合であっても、例えば融資先の会社の経営破綻が具体的に予見可能になった等、前提に大幅な変更が生じた時期以降の取引については責任を問われる可能性がありますので、同様の取引だからといって前提事情の変更への対応を先延ばしにして漫然と決議を行うことは危険です。

　また、不祥事等においては、迅速に対応し損害の発生を最小限に抑えることが求められます。このような有事の際に問題を先送りする判断は、責任が認められる可能性が高いといえますので注意が必要です。

㈣　法令・定款違反ではないこと

　取締役が具体的な法令・定款に違反する行為を行った場合には、基本的に、裁量の余地なく任務懈怠が認められることになりますので、経営判断の原則を適用する前提として、当該判断の内容が法令・定款に違反していないかについてのチェックが必要となります。

(カ)　証拠化

　取締役会における意思決定が問題となり、事後的に裁判で争われた場合、当該意思決定につき取締役の善管注意義務違反の有無を判断するのは裁判官です。そして当然のことながら、裁判官は会社外部の者であり、社内の常識について何ら知識がない状態で判断を行います。したがって、このような状態の裁判官でも理解できるような資料（取締役会資料、議事録、意見書等）を残しておくことが重要です。

　なお、日頃から社外役員にも理解できるような資料作りをしておくことで、取締役会等における説明だけでなく、後日の裁判に備えた証拠化も期待できます。

(キ)　まとめ

　以上のような経営判断における留意点をまとめると、以下のようになります。

〔経営判断における留意点〕
- ・　意思決定の前提となる情報収集と分析
- ・　選択肢を用いた検討
- ・　必要に応じた専門家の意見取得
- ・　問題の先送りではないこと
- ・　法令・定款違反ではないこと
- ・　後日争われたときに備えた証拠化

第 4 章

内部統制システムの整備と監査役監査

1 内部統制システムの概要

(1) 内部統制システムとは

　従業員数が少なく、事業規模が小さい会社であれば、経営者（取締役）が事業の全てを把握し、従業員全員と密にコミュニケーションをとることで、会社全体を自ら管理することができます。しかし、会社の規模が一定以上になると、経営者が自ら会社全体に目を光らせるということは現実的には不可能です。そうすると、経営者の知らないところで不正な業務執行・経理処理が行われたり、想定外の事故が起こるリスクが発生することになります。そこで、会社全体として、業務執行の手続を定めたり、不祥事や事故の芽を早期に発見し是正することができるような仕組みを作る必要が出てきます（〔図表4－1〕参照）。このような仕組み・体制を内部統制システムといいます。

(2) 企業不祥事等の影響と原因

　(1)で述べたように、不祥事や事故の予防・早期発見のためには、内部統制システムを整備する必要があります。このような内部統制システムについて解説するにあたり、まず以下では、企業不祥事等の影響とその原因について述べることにします。

　大企業の不正会計事件、性能偽装、食材の偽装表示から、事故やインサイダー取引まで、企業の不祥事は後を絶ちません。そしてひとたびこのような企業不祥事が発生すれば、その対応（第三者委員会の設置等）や多額の課徴金・損害賠償の支払、企業ブランドの低下等により、会社の存廃にまで発展することも珍しくありません。

　このような企業不祥事等の原因としては、以下のようなものが考えられます。

〔図表 4 - 1：内部統制システムとは〕

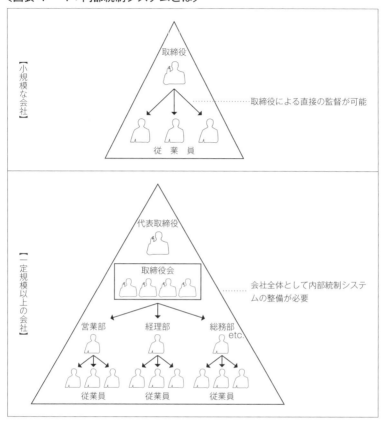

① 経営トップによる不正

　オーナー企業等に多く見られる傾向ですが、このような不正は防止することが極めて難しい場合が多いです。

　経営トップがワンマンで倫理観を欠いている場合、取締役会が形骸化し、他の取締役や監査役による経営トップの監視がなされにくくなります。それによってあらゆる不祥事が起こりやすくなります。

② 企業風土・文化、習慣

　従業員のモラル欠如等により企業風土が悪化し、従業員の私欲追

求のための不祥事が起こりやすくなります。また、不正不当な業務遂行が慣行化してしまっているケースもあり、不祥事等のリスクについてあえてその存在そのものに目をつぶろうとすることもあります。

③　リスク認識の欠如、対応不備

不祥事や事故発生のリスクが存在していたにもかかわらず、経営者がそれを認識していなかった場合です。自社あるいは他社の過去の不祥事・事故を教訓にして対策を講じてこなかった結果であることが多いです。

また、リスク自体については認識しつつも、その対応に不備があるケースも存在します。

④　情報伝達の不備

不祥事や事故に関する情報が経営者にまで上がらず、事前に対応することができなかった場合です。

⑤　職務権限範囲の不明確、特定分野（聖域）の創出

従業員等の職務権限の範囲が明確でないことから、その責任の範囲も不明確となり、経営者や従業員相互の牽制が功を奏さず不祥事等に発展する場合です。

また、特定の人物に特定分野を全て任せてしまうことにより、会社内部の相互監視機能が働かなくなり不祥事等に発展することがあります。

以上のような不祥事や事故の原因は、その多くが会社の構造的な部分に問題があるといえる場合です。したがって、内部統制システムを整備することで、一定の範囲については予防することが可能だと考えられます。また、仮に不祥事等が起こってしまった際にも、内部統制システムが整備されていれば、その被害を比較的小さく抑えることができます。

⑶　内部統制システムの整備義務

　内部統制システムを整備する義務は、会社法上以下のように考えられています（内部統制システムに関する法規制の詳細については本章**2**を参照）。

　法 362 条 4 項 6 号・5 項は、大会社においては、取締役会で内部統制システムの整備について決議しなければならない旨を定めています。この条文は、内部統制システムの整備について一定項目につき決議することを求めているのみであり、その内部統制システムが具体的にどのような内容・水準であるべきかについては特に定められていません。したがって、取締役会において内部統制システムに関する決議を行っていれば、その内容に不備があったとしても、法 362 条 5 項違反にはなりません。

　しかし、取締役には、内部統制システムに関して次のような義務が認められています（大和銀行事件〔大阪地判平成 12 年 9 月 20 日判時 1721 号 3 頁〕）。すなわち、代表取締役や業務担当取締役は善管注意義務の内容として、適切な内部統制システムを整備する義務を負い、また、その他の取締役は、代表取締役および業務担当取締役が内部統制システムを整備すべき義務を履行しているか否かを監視する義務を負うのです。つまり、取締役が、適切な内容の内部統制システムを整備していなかったり、そのような状態を是正しなかったりすれば、善管注意義務違反となるのです（取締役の善管注意義務については第 3 章 **2** 参照）。

　また、監査役も、善管注意義務の内容として、取締役が内部統制システムの整備を行っているか否かを監査すべき義務を負うとされています（監査役の善管注意義務については第 2 章 **3** 参照）。

　この点、コーポレートガバナンス・コード〔原則 4 - 3〕〔補充原則 4 - 3 ④〕でも、取締役会が内部統制システムを適切に整備すべき旨が定められています。

⑷ 役員責任において内部統制システムが問題となる場面

⑶で述べたように、適切な内容の内部統制システムを整備しておかなければ、取締役は善管注意義務違反となります。それでは、内部統制システム整備義務違反は、取締役の責任においてどのように位置付けられるのでしょうか。

不祥事等が生じた際に取締役の責任が問題となるのは、主に以下の3つの場合であり、内部統制システム整備義務違反は③に該当します。

① 当該取締役自らが違法行為等の主体となる場合

② 当該取締役以外の者が違法行為等の主体となり、当該取締役が直接的に違法行為等を防止すべき場合（＝監視・監督義務違反）

③ 当該取締役以外の者が違法行為等の主体となり、当該取締役に②を問えない場合（＝内部統制システム整備義務違反）

①から③の順に、取締役の違法行為等への関わりは弱くなります（〔図表４−２〕参照）。

〔図表４−２：不祥事等において取締役責任が問題となる場合〕

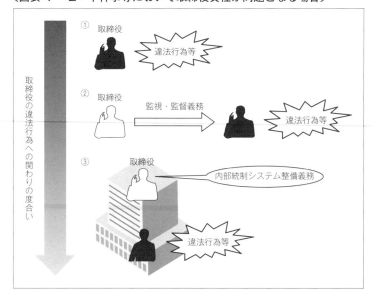

2 内部統制システムに関する法規制

(1) 金商法上の内部統制システム

　内部統制システムの概念はもともと会計・財務の分野から出発し、それが裁判例や法改正によって会社法上の業務全般の内部統制システムとして認められていったという歴史があります。

　金商法においては、会社の属する企業集団および会社に係る財務計算に関する書類その他の情報の適正性を確保するために必要な体制について評価した報告書のことを、「内部統制報告書」と呼んでいます（金商法24の4の4 I）。

　金商法は、このような財務報告に関する内部統制システムにつき、上場会社に対して以下の義務を定めています。

〔金商法上の内部統制システムの義務〕
① 内部統制報告書を有価証券報告書と併せて財務局長等に提出しなければならない（金商法24の4の4 I）
② 内部統制報告書について、会社と特別の利害関係のない公認会計士または監査法人による監査証明を受けなければならない（金商法193の2 II）

---

(2) 会社法上の内部統制システム

　会社法では条文上「内部統制」という文言は用いられておらず、会社の業務の適正を確保するために必要な体制と表現されています。そして、この体制の整備に関し、①大会社において一定の項目について取締役会において決議すべきこと、②その決議内容の概要および運用状況の概要について事業報告に記載すべきこと、③②の事項の内容が相当でないと認めるときはその旨およびその理由が監査役（会）の監

査報告の記載事項となることが定められています。

ア　取締役会決議

上記**1**(3)で述べたように、会社法では、大会社においては取締役会で内部統制システムの整備について決議しなければならないとしています（法362 V）。また、大会社ではない会社であっても、内部統制システムに関する事項は取締役会の専決事項です（法362 IV⑥）。内部統制システムについて決議すべき具体的な項目は以下のとおりとなります（法362 IV⑥、法施行規則100 I・III）。

〔内部統制システム整備について決議すべき項目〕

① 取締役の職務の執行が法令および定款に適合することを確保するための体制
② 取締役の職務の執行に係る情報の保存および管理に関する体制
③ 損失の危険の管理に関する規程その他の体制
④ 取締役の職務の執行が効率的に行われることを確保するための体制
⑤ 使用人の職務の執行が法令および定款に適合することを確保するための体制
⑥ 次に掲げる体制その他の当該会社ならびにその親会社および子会社から成る企業集団における業務の適正を確保するための体制
　イ　子会社の取締役等の職務の執行に係る事項の当該会社への報告に関する体制
　ロ　子会社の損失の危険の管理に関する規程その他の体制
　ハ　子会社の取締役等の職務の執行が効率的に行われることを確保するための体制
　ニ　子会社の取締役等および使用人の職務の執行が法令および定款に適合することを確保するための体制
⑦ 監査役がその職務を補助すべき使用人を置くことを求めた場合における当該使用人に関する事項
⑧ ⑦の使用人の取締役からの独立性に関する事項

---

⑨　監査役の⑦の使用人に対する指示の実効性の確保に関する事項
⑩　次に掲げる体制その他の監査役への報告に関する体制
　イ　取締役および会計参与ならびに使用人が監査役に報告をするための体制
　ロ　子会社の取締役、会計参与、監査役、執行役、業務を執行する社員、法598条1項の職務を行うべき者その他これらの者に相当する者および使用人またはこれらの者から報告を受けた者が監査役に報告をするための体制
⑪　⑩の報告をした者が当該報告をしたことを理由として不利な取扱いを受けないことを確保するための体制
⑫　監査役の職務の執行について生ずる費用の前払または償還の手続その他の当該職務の執行について生ずる費用または債務の処理に係る方針に関する事項
⑬　その他監査役の監査が実効的に行われることを確保するための体制

イ　事業報告への記載

　法施行規則118条2号は、内部統制システム整備についての決議内容の概要および当該内部統制システムの運用状況の概要について、事業報告に記載しなければならないと定めています。

ウ　監査役（会）監査報告への記載

　監査役および監査役会は、事業報告に記載されたイの事項の内容が相当でないと認めるときは、その旨およびその理由を監査報告に記載しなければならないとされています（法施行規則129Ⅰ⑤、130Ⅱ②）。

(3)　金商法と会社法の内部統制システムの相違点

　金商法と会社法の内部統制システムの主な違いをまとめると、〔図表4-3〕のようになります。

〔図表4-3：金商法と会社法の内部統制システムの主な相違点〕

	金商法	会社法
対象	上場会社	大会社 指名委員会等設置会社 監査等委員会設置会社
目的	財務報告の適正性を確保するために必要な体制	会社の業務の適正を確保するために必要な体制
義務等	・内部統制報告書を作成 ・監査証明を受けて有価証券報告書とともに財務局長等に提出	・取締役会で決議 ・事業報告に記載 ・監査役（会）監査報告に記載

　金商法と会社法の内部統制システムは、その目的が財務報告の適正性確保か会社の業務の適正確保かで異なりますが、実質的な内容は多くが重なり合っています。また、この両者については、一般的に会社法の内部統制システムの方が広い概念であると考えられています。

3　内部統制システムに関する事例からみる留意点

⑴　内部統制システムが問題となった事例

■重要判例①　大和銀行事件

（大阪地判平成12年9月20日判時1721号3頁）

〔事案の概要〕

　A銀行ニューヨーク支店の行員が、財務省証券の無断取引等によりA銀行に約11億ドルの損害を与えたことについて、当時、代表取締役およびニューヨーク支店長の地位にあった取締役が、行員による不正行為を防止するとともに、損失の拡大を最小限に

とどめるための内部統制システムを構築すべき義務があったのに
これを怠り、それ以外の取締役および監査役は、代表取締役らが
内部統制システムを構築しているか監視する義務があったのにこ
れを怠ったため、上記無断取引等を防止できなかったものである
として、株主が上記取締役らに対し、A銀行に損害の賠償をする
よう求めて株主代表訴訟を提起した事案です（〔**図表4-4**〕参
照）。

〔**図表4-4：事案の概要**〕

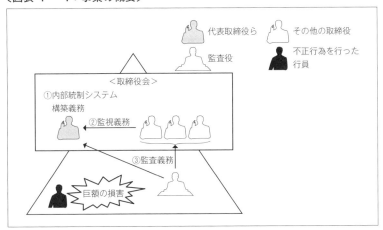

〔判決要旨〕

　本判決では、健全な会社経営を行うためには、目的とする事業
の種類、性質等に応じて生じる各種のリスクの状況を正確に把握
し、適切に制御することが不可欠であるとし、そのためには会社
の事業規模・特性等に応じたリスク管理体制（いわゆる内部統制
システム）を整備することが必要であるとしました。その上で、
代表取締役および業務担当取締役はリスク管理体制を構築すべき
義務を負い、また、他の取締役に、代表取締役および業務担当取

締役がリスク管理体制を構築すべき義務を履行しているか否かを監視する義務を認め、監査役も取締役がリスク管理体制の整備を行っているか否かを監査する義務を負うとしました。

　もっとも、整備すべきリスク管理体制の内容は、事例の蓄積やリスク管理に関する研究の進展によって充実していくものであり、現時点で求められているリスク管理体制の水準をもって、本件の判断基準とすることは相当でないとしました。

　また、どのようなリスク管理体制を整備するかについては経営判断の問題であり、会社経営の専門家である取締役に広い裁量が与えられていると判断しました。

〔解説〕

　本判決は、取締役の内部統制システムの整備義務を初めて認め、実務に大きな影響を及ぼしたとされる著名な裁判例です。

　A銀行の行員が不正行為により同行に与えた巨額の損害について、健全な会社経営のためには、会社の規模や特性に応じた内部統制システムを整備する必要があるとして、行員による不正行為を防止するための、代表取締役および業務担当取締役の内部統制システム構築義務を明確に打ち出し、これに対する違反を認めました。

　また、本判決では、その他の取締役には代表取締役らが内部統制システム構築義務を履行しているかどうか監視する義務を、監査役には取締役が内部統制システム整備義務を履行しているかどうか監査する義務を認めました。

■重要判例②　ヤクルト事件

（東京高判平成20年5月21日判タ1281号274頁）

〔事案の概要〕

　A社が資金運用の一環としてデリバティブ取引を行い、その結

果、最終的に約 533 億円もの損失を被るに至ったことから、A 社の株主が株主代表訴訟を提起し、当該デリバティブ取引を担当していた取締役に対して善管注意義務違反による損害賠償請求を、またその他の取締役および監査役に対して監視義務違反による損害賠償請求をした事案です。

〔判決要旨〕

　本判決ではまず、当該デリバティブ取引を担当していた取締役について善管注意義務違反を認めました。

　そして、各取締役にはリスク管理体制の構築義務があるものの、どのような内容とするかについては幅広い裁量があり、リスク管理体制の構築に向けてなされた取締役の判断の適否を検討するにあたっては、現在の知見ではなく当時の時点における知見によって検討すべきであると判示しました。

　そして、代表取締役・経理担当取締役については、デリバティブ取引がリスク管理体制に沿って実施されているかどうか等を監視する義務を負うとした上で、A 社ほどの規模の事業会社の役員は広範な職掌事務を有しており、かつ、必ずしも金融取引の専門家ではないため、自らが個別取引の詳細を一から精査することまでは求められておらず、下部組織（資金運用チーム・監査室、監査法人等）が適正に職務を遂行していることを前提に、そこから上がってくる報告に明らかに不備・不足があり、これに依拠することに躊躇を覚えるというような特段の事情がない限り、その報告等を基に調査・確認すればその注意義務を尽くしたものとなると判断しました。

　また、その他の取締役について、相応のリスク管理体制に基づいて職務執行に対する監視が行われている以上、特に担当取締役の職務執行が違法であることを疑わせる特段の事情が存在しない限り、担当取締役の職務執行が適法であると信頼することには正

当性が認められ、このような特段の事情のない限り、監視義務違反に問われることはないと判断しました。

　さらに監査役について、リスク管理体制の構築およびこれに基づく監視の状況について監査すべき義務があるとした上で、監査役自らが、個別取引の詳細を一から精査することまでは求められておらず、下部組織等（資金運用チーム・監査室等）が適正に職務を遂行していることを前提として、そこから挙がってくる報告等を前提に調査、確認すれば、その注意義務を尽くしたことになるとしました。

〔解説〕
　本件は、A社が資金運用として行ったデリバティブ取引により、約533億円という多額の損失が発生したことにつき、役員の責任が問題とされた事案です。

　本判決は、取締役には内部統制システムの構築義務があるものの、内部統制システムの内容については会社ごとの事情によって左右されるため一義的に決まるものではなく、取締役に幅広い裁量があるとしました。また、内部統制システムの構築に向けた判断の適否については、現在ではなく当時の知見に基づき検討すべきという内容を判示しました。

　そして、当時のデリバティブ取引についての知見を前提にすると、相応の内部統制システムが構築されていたといえると判示した上で、当該デリバティブ取引を担当していた取締役以外の取締役・監査役については、特段の事情のない限り、下部組織等からの報告を基に調査・確認していたことや、担当取締役の職務遂行が適法だと信頼していたことを理由に、善管注意義務違反とはならないとしました。

（最判平成21年7月9日判タ1307号117頁）

〔事案の概要〕

　A社の従業員らが営業成績を上げる目的で架空の売上げを計上したため有価証券報告書に不実の記載がされ、その後同事実が公表されてA社の株価が下落したことについて、公表前にA社の株式を取得した株主が、代表取締役に従業員らの不正行為を防止するためのリスク管理体制を構築すべき義務に違反した過失があり、その結果損害を被ったなどと主張して、A社に対し損害賠償を請求した事案です。

　A社はソフトウェア開発および販売等を業としており（東証2部上場）、大学向け事務ソフト等の開発・販売を行うパッケージ事業本部の下に設置されたGAKUEN事業部が不正の舞台となりました。GAKUEN事業部の下には、営業部、注文書や検収書を確認するビジネスマネージメント課（BM課）、事務ソフトの稼働確認を担当するカスタマーリレーション部（CR部）が設置されていました。

　この事業部の通常の製品販売等に関する事務手続の流れは以下のとおりでした（〔図表4－5〕参照）。

①　GAKUEN事業部の営業担当者が販売会社と交渉し、合意に至ると販売会社が注文書を営業担当者に交付する。

②　営業担当者は、注文書をBM課に送付する。

③　BM課は受注処理を行った上、営業担当者を通じて販売会社に検収を依頼する。

④　CR部の担当者が、販売会社の担当者・大学の関係者と共に、納品された事務ソフトの検収を行う。

⑤　BM課は、販売会社から検収書を受領する。

⑥　BM課が売上処理を行い、財務部に売上報告をする。

⑦　財務部は、BM課から受領した注文書、検収書等を確認し、

〔図表4-5：製品販売等の事務手続の流れ〕

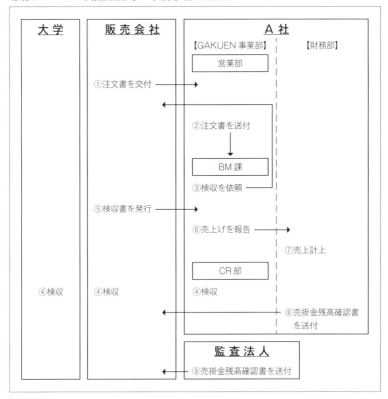

　　　これを売上げとして計上する。

⑧　財務部は、毎年9月の中間期末時点で、売掛金残高確認書
　　の用紙を販売会社に郵送し、確認の上返送するよう求める。

⑨　監査法人も、毎年3月の期末時点で、売掛金残高確認書の
　　用紙を販売会社に郵送し、確認の上返送するよう求める。

　本件の不正行為の首謀者であるZは、GAKUEN事業部と営業
部の部長を兼任していた者です。Zの指示を受けて行われた不正
行為の手法は、以下のようなものでした。

　まず、営業社員らは、偽造印を用いて販売会社名義の注文書を

偽造し、BM課に送付します。BM課では、偽造に気付かず受注処理を行って検収依頼書を作成し、営業社員らに交付することになります。しかし、検収依頼書は販売会社に渡ることはなく、営業社員らによって検収済みとされたように偽造され、BM課に返送されます。実際には大学に対して製品は納品されておらず、CR部担当者によるシステムの稼働の確認もされていませんでしたが、Zらは、納品および稼働確認がされているかのような資料を作成しました。

　BM課では、検収書の偽造に気付かず売上処理を行い、財務部に売上げの報告をします。その結果、財務部は、偽造された注文書および検収書に基づき売上げを計上することになりました。

　財務部は、毎年9月の中間期末時点で、売掛金残高確認書の用紙を販売会社に郵送し、確認の上返送するよう求めていました。また、毎年3月の期末時点には、監査法人も売掛金残高確認書の用紙を販売会社に郵送し、確認の上返送するよう求めていました。ところが、営業社員らは、Zの指示を受けて、販売会社の担当者に対し、封書が郵送される可能性があるが、送付ミスであるから引き取りにいくまで開封せずに持っていてほしいなどと告げ、これを販売会社から回収した上、用紙に金額等を記入し、販売会社の偽造印を押捺するなどして販売会社が売掛金の残高を確認したかのように偽装し、財務部または監査法人に送付していたのです。財務部および監査法人は、偽造された売掛金残高確認書において売掛金額と販売会社の買掛金額が一致していたため、架空売上げによる債権を正常債権と認識していました。

〔判決要旨〕

（控訴審の判断）

　控訴審では、まず、本件の不正行為当時、GAKUEN事業部は幅広い業務を分掌し、BM課およびCR部もGAKUEN事業部に

直属していることから、Ｚらが企図すれば容易に不正行為を行い得るリスクが内在していたと判断しました。そして、このようなリスクが存在していたにもかかわらず、会社の代表取締役であるＢは、会社の組織体制や製品販売等の事務手続を改変するというような対策を講じなかったとしました。また、財務部についても、長期間未回収となっている売掛金債権について、販売会社に直接売掛金債権の存在や遅延理由を確認すべきであったのにこれを怠り、本件不正行為の発覚の遅れを招いたとして、このことはＢが財務部によるリスク管理体制を機能させていなかったことを意味するとしました。

　そして、これらの事情から、Ｂは適切なリスク管理体制を構築する義務を怠った、と判断しました。

（最高裁の判断）

　これに対し、最高裁では、以下の点から、会社は通常想定される架空売上げの計上等の不正行為を防止しうる程度のリスク管理体制は構築していたと判断しました。

　①　職務分掌規定等を定めて事業部門と財務部門を分離していたこと。

　②　GAKUEN 事業部について、営業部とは別に BM 課と CR 部を設け、売上報告にはそのチェックを必要とする体制を整えていたこと。

　③　財務部および監査法人が定期的に販売会社に売掛金残高確認を行っていたこと。

　そして、本件の不正行為は通常容易に想定し難い方法によるものであったとしました。

　また、売掛金債権の回収遅延につき Ｚらが挙げていた理由は合理的なもので、販売会社との間で過去に紛争が生じたことがなく、監査法人も財務諸表につき適正であるとの意見を表明していたというのであるから、財務部が、Ｚらによる巧妙な偽装工作の

結果、販売会社から適正な売掛金残高確認書を受領しているものと認識し、直接販売会社に売掛金債権の存在等を確認しなかったとしても、財務部におけるリスク管理体制が機能していなかったということはできないとしました。

　以上から、Bに、Zらによる本件不正行為を防止するためのリスク管理体制を構築すべき義務に違反した過失があるということはできないと判示しました。

〔解説〕

　本件は、最高裁が内部統制システム整備義務の有無を具体的に判断した初の事例です。

　本判決は、問題となった不正行為は通常想定しうる範囲を超えるほど巧妙なものであり、会社は通常想定されるような不正行為であれば防ぎうる程度の内部統制システムは整備していたとして、代表取締役の内部統制システム整備義務違反を否定しました。

　第1審、控訴審と最高裁とで判断が分かれていることが示すように、本件は代表取締役に内部統制システム整備義務違反が認められるかどうか即断できない事案であったといえます。そのため、どの程度の体制を整えれば内部統制システム整備義務を果たしたことになるのか考察する上で参考になる事案といえるでしょう。

(2)　実務における留意点

　内部統制システムについて、整備義務違反が認められるのは、あくまでも当該不祥事等の発生時に、それを防止するだけの体制を整備する義務まであったと認定される場合です。通常、当該不祥事等の発生時点から判決が出るまでには数年かかるため、当該不祥事等の発生時点と判決時点とでは求められる水準が変わっていることも珍しくありません。そのような場合に、内部統制システムの整備状況について判決時点の水準で判断することは酷だと考えられます。そこで、多くの

裁判例でふれられているように、判決時点ではなく当該不祥事等の発生時点の水準で判断すべきだと考えられています。裁判例を参考にする場合には、上記の点を念頭に置いて、判決で述べられているのは当該事案において当該不祥事等が発生した当時の水準であって、現時点で求められる水準とは異なる可能性があるということに注意しましょう。

そして、どのような体制を整備するかについては、会社に広い裁量が認められています。そのため、実際に当該義務違反が認められた事案は多くありません。

もっとも、いかに取締役に広い裁量が認められるとしても、最低限の内部統制システムを整備できていなければ、取締役に整備義務違反が認められますし、監査役としてもその監査を怠っていれば任務懈怠責任を問われるのは当然です。

内部統制システムの整備は取締役にとって負担であるように思われますが、有効に運用されていれば、不祥事等の予防や早期発見が期待でき、仮に不祥事等を未然に防止できなかったとしても、それに対する任務懈怠責任を問われない可能性もあります。

逆に不祥事等の発生当時求められる内部統制システムのうち、最低限度のものさえ整備されていない場合には、担当外の取締役であっても内部統制システムの整備義務・監視義務違反で任務懈怠責任を問われることになり、監査役も内部統制システム監査につき、任務懈怠責任を問われてしまう危険があります。その意味で、役員の責任において内部統制システム整備義務をクリアできるかどうかは重要なポイントだといえます。

4 内部統制システム監査

(1) 内部統制システム監査とは

　これまで述べたように、取締役はその職務として、内部統制システムを整備する義務を負います。そして、監査役は取締役の職務執行を監査するため、取締役が内部統制システムの整備を適切に行っているかを監査することになります（〔**図表４－６**〕参照）。

〔図表４－６：内部統制システム監査の対象〕

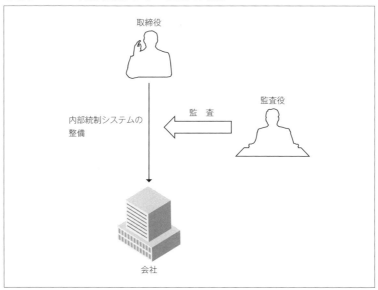

　上記 **2**(2)**イ**において述べたように、内部統制システム整備についての取締役会決議内容の概要および当該内部統制システムの運用状況の概要については、事業報告の記載事項となっています（法施行規則

118②)。

　そして監査役および監査役会は、事業報告に記載されたこれらの事項の内容が相当でないと認めるときには、その旨およびその理由を監査報告に記載しなければならないとされています（法施行規則129 I ⑤、130 II ②。〔**図表 4 － 7**〕参照）。

〔**図表 4 － 7：監査報告の記載事項**〕

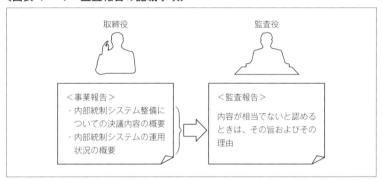

　監査役が相当性を判断する対象は次のように解釈されています。すなわち、①事業報告に決議内容および運用状況が適切に開示されているかどうか（形式面）に加えて、②決議内容および運用状況そのものが適切かどうか（実体面）についても相当性判断の対象になると解釈されています（〔**図表 4 － 8**〕参照）。

〔図表 4 − 8：相当性判断の対象〕

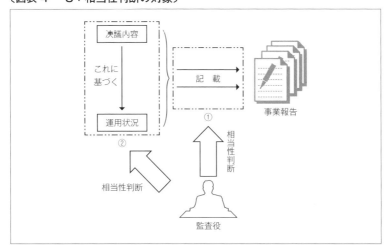

(2) 監査役の義務の範囲──セイクレスト事件

監査役は、取締役が内部統制システムの整備を適切に行っているかを監査する義務を負うと述べましたが、具体的にはどのような行動をとれば、この義務を果たしたといえるのでしょうか。近時、セイクレスト事件〔大阪高判平成 27 年 5 月 21 日判時 2279 号 96 頁〕で、この点について参考になる判断がなされています（本事件についての詳細は第 2 章 **3**(2)**オ**参照）。

この事件は、ジャスダック上場会社の代表取締役が一連の任務懈怠行為により会社の資金を流出させたというものです。この会社は債務超過が続いており、外形上は会社に資金が入った形をとりながらも、実質は代表取締役によって会社外に不当に資金が流れる形となっていました。

本判決は、公認会計士であった社外監査役に対して、①内部統制システムを構築するよう取締役会に助言・勧告すべき義務、および、②代表取締役を解職すべきである旨を取締役らまたは取締役会に助言・

勧告すべき義務を認めました。当該社外監査役は、代表取締役による一連の任務懈怠行為に対し、取締役会において度々疑義を表明したり、事実関係の報告を求めたりしており、さらに、代表取締役の任務懈怠行為について説明がされない場合には辞任する意向を申し入れ、なお任務懈怠行為が継続していることに対して、看過できずしかるべき対応をせざるをえない旨の申し入れをするなど、任務懈怠行為を阻止するために一定程度の行動をとっていました。しかし本判決は、当該社外監査役に対し、前述した①②の義務違反を認めたのです。

　もちろん本判断は、本事案を前提として前述した①②の義務を認めたものであって、一般的に全ての場合に監査役が同様の義務を負うとの判断をしたわけではありません。ただ、裁判例による内部統制システムの監査義務に関する1つの判断として、非常に重要な意味を持つものといえます。

(3)　監査の方法と着眼点

　監査役が内部統制システム監査を行う場合、具体的にどのような視点・方法により行えばよいのでしょうか。この点を簡単にまとめると以下のようになります。なお、この点に関しては、日本監査役協会が公表している「内部統制システムに係る監査の実施基準」（以下、「実施基準」といいます。）が参考になります。この全文は、日本監査役協会のホームページから入手することができます。

ア　統制環境

　企業不祥事等を防ぐ環境を整えるために極めて重要なのが経営者の意識です。内部統制システムは会社全体の仕組みとして整備されなければならず、そのためにはまず経営トップが真摯に取り組むことが不可欠です。そこで、監査役は内部統制システム整備の監査の第一歩として、代表取締役等の認識を確認することが求められます。代表取締役等との定期的会合・面談等を通じて、内部統制システムの整備が会

社経営に不可欠であるとの認識を有しているかを確認します。

イ　内部統制システムに関する取締役会決議

　取締役会決議（上記 **2**(2)ア参照）の内容について、監査役は以下の点について確認する必要があります（実施基準 5 条）。

☐　法令に定める事項を網羅しているか
☐　会社に著しい損害を及ぼすおそれのあるリスクに対応しているか

　また、監査役は決議内容について、必要な見直しが適時適切に行われているかについても検証しなければなりません。そして、決議内容について監査役として意見を述べたときには、その指摘事項が適切に反映されているかどうかについても監視する必要があります。

ウ　法令遵守体制・情報伝達体制

　役員や従業員に法令に関する知識がないことで、法令遵守が実現しないリスクも存在します。通常、役員や従業員各人がそれぞれ法令に詳しいことは想定できません。そこで監査役は、法令遵守に関する事項を法務部や外部専門家に適時かつ適切に相談できる体制が整っているかという点を検証する必要があります。またこの点に関連して、法令等遵守に係る基本方針・行動基準等が定められているか、事業活動等に関連した重要法令の内容が社内に周知徹底されているか、法令遵守状況を監視するモニタリング部門があるか、さらに、実際に問題点が発見され改善措置がとられているか、という点についても検証するとよいでしょう。

　上記の法令遵守体制と並んで重要なことは、社内で情報の伝達がスムーズになされているかどうかです。事故や不祥事の情報が経営陣にまで伝わるのが遅れ、対応が手遅れになることは珍しくありません。不祥事等の問題に関する情報については、些細なものであっても経営

陣まで伝達されることが重要です。

　また、内部通報システムが有効に整備されていることや、問題がある取引等が発見された場合に内部監査部門等や監査役に適時適切に伝達される体制が整備されていることが重要です。

エ　リスク管理体制
㋐　リスクの適切な評価
　真に実効性のある内部統制システム整備のためには、リスクを評価し、重要なリスクを特定する必要があります。考えうるリスク全てに対処するのでは非効率であり、また、かえって重要なリスクへの対応が埋没してしまう危険性もあります。そこで、例えばコア事業や、監督官庁の行政処分の有無、許認可等への影響など、特に会社存続に関わる問題について重点的に対策を練っておくべきであり、監査役としてはこのような視点からも、内部統制システムの整備を検証してみる必要があるでしょう。

　また、常にリスクは変動しうるものであるという意識も必要です。他社の不祥事や事故の事例を参考に、定期的にリスクの評価を見直す必要があるのです。監査役は、会社が各種リスクを評価し対応しているか否か、その体制の有無を確認する必要があります。

㋑　リスクへの適切な対応
　リスクへの対応策については、実状に合ったものを作成する必要があります。

　近年では多くの企業において、生じうるリスクに対処するため社内規程を整備しています。しかし、些末なリスクへの対処まで含めたあまりにも網羅的な規程を作成してしまうと、規程の重要性の認識が低下してしまい、真に守られなければならない重要な規程への規範意識が薄れてしまうおそれもあります。

　また、規程が現場の手順等に配慮していない場合、実状と合わない

ものとなる可能性があります。このような場合、日常的に規程違反が行われてしまうおそれがあります。

　監査役としてはリスクへの対応策が会社の実状に合致しているのかを検証する必要があるでしょう。

　　㈦　クライシス管理

　企業不祥事や事故が発生したときに損害を最小限にとどめるため、あらかじめ危機管理マニュアルのようなものを作成しておくことも重要です。実際に不祥事等が発生した場合、マスコミに対し無計画に情報を出すと、後に情報の訂正を余儀なくされたり、隠蔽したかのように見受けられたりして、極めて不利な状況に陥る場合があります。さらに、場合によって誤った情報が流れると、損害を拡大することにもなりかねません。

　この危機管理マニュアルには次のような手順を定めておくことが考えられます。

□　代表取締役等を構成員とする対策本部の設置
□　緊急時の連絡網その他の情報伝達体制
□　顧客・マスコミ・監督当局等への対応
□　業務の継続に関する方針

オ　情報保存管理体制が適切になされているか

　監査役は、各種議事録・重要な契約書・決裁文書等の重要な文書や情報が適切に作成・保存・管理されているかについて確認する必要があります（実施基準11条参照）。このような情報の適切な作成・保存・管理は監査役による不祥事等の検証・是正等にも役立ちます。

　また、会社の情報を不正に利用することを防止するため、その情報に応じた適切なアクセス権限設定等の管理体制が整備されていることが必要です。このような対策は、情報漏洩やインサイダー取引の防止

にもつながります。

さらに、上場会社としての情報管理体制として、会社の重要な情報の適時開示や、IR 等の所管部署を定めておくことも必要です。

カ 効率性の確保

内部統制システムを整備し、企業不祥事等を未然に防止することは重要ですが、他方で、過度に効率性を犠牲にすることまでは求められていません。そのため、会社としては効率性確保と健全性確保との適正なバランスを検討する必要があるのです（実施基準 12 条）。

この点については、取締役に広い裁量が認められるため、監査役としては以下のような視点から検証するのがよいでしょう。

□ 代表取締役等が、会社の持続的な成長を確保する経営計画・事業目標の策定、効率性確保と健全性確保との適正なバランス等が、会社経営において重要であることを認識しているか
□ 過度の効率性追求により会社の健全性が損なわれていないか
□ 重要な意思決定において、経営判断の原則に適合した決定がなされることを確保する体制が整備されているか

キ グループ内部統制

近時の会社法の議論や裁判例からすると、親会社役員の子会社管理責任が問われる場面が増加する可能性があります。したがって、子会社等の管理についても監査役は十分に気を配るべきです。具体的には、グループ内部統制について、以下のような視点から検証するべきでしょう（実施基準 13 条）。

□ 重要な子会社などがモニタリングの対象となっているか
□ 子会社において法令等違反行為その他著しい損害が生じる事態が発生した場合に、会社が適時適切に状況を把握できる情報伝達体制

が整備されているか
- □　グループの監査役等同士の意思疎通がなされているか
- □　子会社を利用した不適正な行為について、会社が把握し、改善措置を講じる体制があるかどうか
- □　会社に親会社等がある場合、少数株主の利益を犠牲にして親会社等の利益を不当に図る行為を防止する体制があるか

ク　監査役監査の実効性確保体制

　企業不祥事等を防止するには監査役による監査が非常に重要であり、監査環境を充実させることも内部統制システム整備の重要な一部だといえます。この点は、監査役にとって自らの職務に関する部分であり、費用の点もあることから、会社の規模等によっては強く指摘しづらい場合もあるとは思いますが、定期的に自らの監査環境を確認、検証することが必要です。

㋐　補助使用人（スタッフ）関係

　監査役は監査スタッフに関して、以下のような視点から監査環境を検証する必要があります（実施基準15条）。

- □　そもそもスタッフがいない会社の場合、スタッフを求めるかどうか
- □　員数の追加や専門性を求めるかどうか
- □　監査役の指示によるスタッフの会議出席、情報収集行為等が不当に制限されていないか
- □　スタッフに対する監査役の必要な指揮命令権が不当に制限されていないか
- □　スタッフの人事異動、評価、懲戒処分等に対して監査役に同意権が付与されているか
- □　監査役からスタッフに対する指示の実効性が制限・制約されていないか

(イ)　監査役報告体制

　適切な監査を行うためには、監査役に社内の情報が伝達されることが必要です。そこで監査役は、監査役に対する報告体制について、以下のような点から検証する必要があります（実施基準16条）。

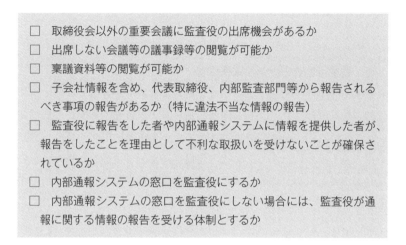

- □　取締役会以外の重要会議に監査役の出席機会があるか
- □　出席しない会議等の議事録等の閲覧が可能か
- □　稟議資料等の閲覧が可能か
- □　子会社情報を含め、代表取締役、内部監査部門等から報告されるべき事項の報告があるか（特に違法不当な情報の報告）
- □　監査役に報告をした者や内部通報システムに情報を提供した者が、報告をしたことを理由として不利な取扱いを受けないことが確保されているか
- □　内部通報システムの窓口を監査役にするか
- □　内部通報システムの窓口を監査役にしない場合には、監査役が通報に関する情報の報告を受ける体制とするか

(ウ)　内部監査部門等との連携体制等

　監査役が適切な監査を行うために、内部監査部門等と連携することは重要な意味を持ちます（詳細については第6章参照）。監査役と内部監査部門等との間に連携不足や支障が存在すれば、監査に必要な社内の情報が監査役に伝達されにくくなるからです。よって、監査役としてはこの点について検証する必要があります。

(エ)　監査費用

　日常の監査活動等に必要な費用について、予算措置等の監査費用の前払および償還の手続が定められているか検証する必要があります。監査役が必要と認める外部専門家の助言を受ける費用の前払・償還が受けられるかについても検証するべきでしょう（実施基準18条）。
　なお、この外部専門家についてですが、利益相反が生じる場合や監

査の客観性・独立性確保の観点から、会社の顧問弁護士等に相談でき
ないケースもあります。そのような場合に備えて、監査役が独自に相
談できる監査役専門の顧問弁護士等を確保しておくことも考えられま
す。

ケ　運用テストとモニタリング

　内部統制システムについては、一度整備すればそれで終わりという
わけではありません。内部統制システムが適切に運用されているかを
定期的に確認し、見直しの要否を検討することが重要です。また、法
令改正、判例、社会の変化に対応しているかどうかを確認することも
必要になってきます。計画・実行・評価・改善といったPDCAサイ
クルにより、内部統制システムを継続的に改善していくことが重要で
す（〔図表4－9〕参照）。

〔図表4－9：PDCAサイクル〕

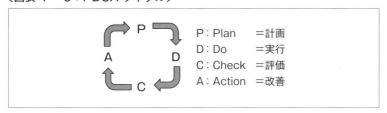

　内部統制システムについての見直しを行うために、監査役は代表取
締役等との定期的会合、面談による確認を行う必要があります。
　また、内部監査部門等に対して内部監査計画その他モニタリングの
実施計画・実施状況において適時適切な報告を求めたり、内部統制シ
ステムの重大なリスクへの対応状況その他整備状況について定期的に
報告を受けることなどが重要になります。
　さらに、会計監査人との定期的会合により、内部統制システム整備
状況の意見等について把握することも必要になってきます（以上につ

き、実施基準6条）。

コ　まとめ

ここまで内部統制システム監査における着眼点を述べてきましたが、内部統制システムが有効に機能するために最も重要なのは、会社の企業風土とそれを決定付ける経営トップの意識です。経営トップをはじめ従業員各人の法令遵守に対する意識が低く、法令遵守を軽視する企業風土が存在すれば、内部統制システムは有効に機能しません。そこで、まずは経営トップの意識を確認することが重要です。

また、他社の不祥事等は、内部統制システムを見直すための重要な素材となります。他社の不祥事等の事例からは、実際に発生した事故や不祥事の多くが担当者の些細なミスや規程違反が発端となっていることを知ることができます。これにより、事故や不祥事が自分や自分の会社にも起こりうる身近なものと認識し、自らを振り返る機会を得ることができるのです。また、事故・不祥事に対する注意力や規範意識を維持することの助けにもなるでしょう。

内部統制システムはあくまで不祥事等を防ぐ仕組みに過ぎないのであって、関与する各人の規範意識が低ければ、その有用性を失ってしまいます。監査役はこの点に留意し、内部統制システム監査を行わなければなりません。

(4)　内部統制システムに関する留意点

本章の最後に、監査役が内部統制システムについて常に意識しておくべき留意点を簡単にまとめます。

ア　不祥事等は防ぐべきであるが、同時に起こりうるもの

この点は、内部統制システム整備に力を入れており、今まで不祥事等がなかったような会社は特に留意すべきです。しっかりとした内部統制システムを整備している会社の経営者ほど、不祥事等など起こる

はずがないという意識になりがちです。しかし、このような意識では、不祥事等の芽を敏感に察知することは期待できませんし、いざ不祥事等が起きたときに、事前の対策不足等により迅速かつ適切な対応ができず被害が拡大するリスクがあります。

　また、従業員にも不祥事等が起こりうるとの意識が浸透していなければ、不祥事等が疑われる現場の情報が経営者まで伝わりにくくなり、早期発見を妨げるおそれがあります。

　したがって、どのような会社も不祥事等は起こりうるものであるという意識を持ち、常に不祥事等が起こったときの備えをしておく必要があるのです。

イ　マニュアル運用の形骸化に注意

　内部統制システム整備については、最初はとにかく規程を整備することに注力しがちです。規程を整備すること自体は有効な方法ですが、規程が実状にそぐわない場合、内部統制システムにとって逆効果となることがあります。

　特に注意すべきなのは、あまりにも規程を細かく制定しすぎてしまい、規程違反が日常化してしまう場合です。このような場合、規範意識が薄くなり、規程を特に守らなくてもよいという意識を生んでしまいます。そして、最終的には真に重要な規程をも無視するようになってしまう危険があります。

　したがって、規程の整備に終始することなく、その規程の趣旨や目的・必要性を検証し、常に現場等の実状と合っているかを確認することが大切です。

ウ　内部統制システムの限界を知ること

　内部統制システムも絶対的なものではなく、その効果には以下のような限界があります。

(ア) 経営者による不正には対処できない

経営者が不当な目的のために内部統制システムを無視することがあります。経営者の法令遵守意識がなければ、いくら内部統制システムを整備しても不祥事を防ぐことはできません。この意味で、経営者の意識が最も重要といえます。

(イ) 複数の担当者による共謀によって有効に機能しない場合がある

経営者が不正に関わっていなくとも、複数の担当者が共謀している場合、相互監視機能が働かず、不正を防ぎえない場合があります。これに対処するためには、組織異動を定期的に行ったり、同じメンバーが同じ部署に長期間関わらないようにするといった方法が有効です。

(ウ) 当初想定していなかった事項には、必ずしも対応しない場合がある

内部統制システムは、想定されている事項に対する体制となります。したがって、内部統制システムを整備した時点で想定していなかった組織内外の環境の変化や非定型的な取引等には対応できない場合があります。

そのため、内部統制システムは、定期的に見直しを行い常に改善していくことが求められるのです。

第 **5** 章
具体的場面における留意点

1 就任時

(1) 就任に際しての留意点

　社外監査役も会社の役員として、様々な責任を負うことになります。社外監査役が任務を怠り、それにより会社に損害が生じた場合には、責任追及を受け多額の損害賠償責任を負う可能性もあります。また、社外監査役には一定の独立性が求められるため、会社との関係・立場によっては、社外監査役として適切でない場合もあります。

　そのため、社外監査役に就任するにあたっては以下の点について確認をし、自分が社外監査役としての職責を全うできるのかを検討する必要があります。

ア　会社との利害関係

(ア)　取引先の関係者等の場合

　次のような場合には、社外監査役に就任するにあたり会社との利害関係を慎重に検討しなければなりません。

① 会社の取引先の代表者

　〔**図表5−1**〕のように、社外監査役に、取引先の代表者が就任するケースが考えられます。

　A社とB社は取引関係にあるため、社外監査役として入手したA社の情報の中に、A社とB社の利害が対立するようなものが含まれていることがありえます。この場合、A社の社外監査役としては、A社の利益になるように行動しなければなりませんが（監査役の善管注意義務。第2章**3**(1)**ア**参照）、一方で、B社の代表者としてはB社の利益になるように行動しなければならず（取締役の善管注意義務等。第3章**2**参照）、結局、両社の役員としての善管注意義務等が衝突する事態が生じてしまいます。

〔図表 5 − 1：会社の取引先の代表者〕

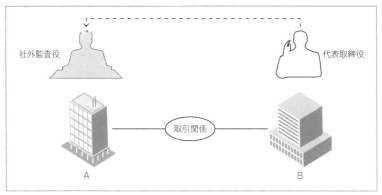

② 会社の取引先の利害関係者

　例えば、〔**図表 5 − 2**〕のように、A社と取引関係のあるB社の株を多数保有する者がA社の社外監査役に就任する場合、B社の取締役ではないことから、①のような両社の善管注意義務等の衝突の問題は生じません。しかし、B社の大株主の立場からすれば、事実上B社の利益と自己の利益が一致することも多く、A社の監査業務の中で両社の利害が対立する情報を入手した場合、A社の社外監査役として適切に職務を行えるかにつき疑義が生じる可能性があります。

〔図表 5 - 2：会社の取引先の利害関係者〕

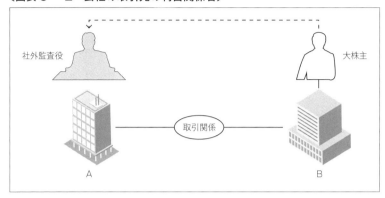

（イ）　会社の顧問の場合

　顧問弁護士や顧問会計士、顧問税理士等、顧問業務を務めている会社から、社外監査役としての就任を打診されることは珍しいことではありません。また、法律上、会社の顧問を務めている者が社外監査役になることができないという定めはありません（第1章 **2**(2)参照）。

　この点、そもそも、社外監査役・社内監査役共通の資格要件として、法335条2項は、監査役と会社の使用人等との兼任を禁止しています。そして、会社の顧問を務めている者が監査役になることは、この兼任禁止規定に違反するか争いがあるところです。

　この問題について、顧問弁護士に関しては、裁判例や日本弁護士連合会により以下の見解が示されています。

①　裁判例

　大阪高判昭和61年10月24日資料版商事69号35頁は、会社の顧問弁護士が監査役に就任したとしても、その者が、会社の組織機構の一員となり業務執行機関の指揮命令を受けるべき立場に置かれている場合や、これに準じて会社に専属すべき拘束を受けている場合のような特段の事情がない限り、兼任禁止規定に抵触することはないとしました。

② 日本弁護士連合会の立場

　日本弁護士連合会は、昭和59年2月17日全体理事会答申で、顧問弁護士は会社の指揮命令を受けるべき関係にはなく、使用人とは根本的に性質が異なる、という立場を示しています。

　以上のように、顧問を務める者が監査役になることは、上記の兼任禁止規定には、直ちに違反するわけではないと考えられています。

　しかし、会社からの独立性の高い者が監査を行うことによってその実効性を高めるという社外監査役の制度趣旨からすれば、会社の顧問を務める者が社外監査役になることを疑問視する意見もありえます。つまり、会社の顧問というのは、継続的に報酬を得て会社の代表者やその指揮下にある使用人からの相談に乗っていることから、会社の執行機関側の人間であると評価されてしまうおそれがあり、会社からの独立性に疑問が残るというわけです。

　さらに、監査役としての報告義務と顧問としての守秘義務が衝突するという問題もあります。例えば、社外監査役に就任した顧問弁護士が顧問弁護士としての業務で入手した会社情報の中に、取締役の法令・定款違反の事実を示すものが含まれていたとします。この場合、顧問弁護士としての立場からは会社情報について守秘義務を負うことになりますが（弁護士法23）、社外監査役の立場からは取締役会への報告義務を負うことになり（法382）、両義務が衝突する状況に陥るという問題がありうるのです。

　もっとも、顧問を務めている者は会社の内情や業界の慣習、代表者の人物像等についてよく把握していることが多く、社外監査役就任直後からスムーズに監査業務を実行できるというメリットもあります。したがって、会社の顧問をしている者が社外監査役に就任することは、現状では直ちに不当であるということはできません。しかし、前述のような問題点があることも否定できず、顧問を他の者に引き継いだ上で社外監査役になることも選択肢の1つです。

(ウ) まとめ

以上のように、社外監査役になろうとする者は、当該会社との利害
関係を見極め、社外監査役としての職務を適切に行うことができる立
場なのか、慎重に検討する必要があるといえます。

イ 業務内容・負担の大きさ

社外監査役は非常勤であることが多いですが、それでも、取締役
会・監査役会をはじめとする重要会議への出席、社内監査役との情報
交換、各種報告書等の確認、そして期末の監査業務と株主総会への出
席等、相当な業務量を負担することになります。

また、会社が特殊な業界の場合には、その会社を取り巻く業界慣行
や法規制も業界特有のものとなり、これらについて研究・準備を行わ
なければ十分な監査業務を果たせない場合も考えられます。

以上のように、社外監査役はそれなりの負担を強いられる上、多く
の場合、監査業務とは別に本業を有しています。そのため、社外監査
役に就任するにあたっては、自己の能力や本業との兼ね合いから、社
外監査役としての職務を全うできるのかを検討する必要があります。

ウ 将来負担する可能性のある法的責任

社外監査役も会社の役員として、会社に対し善管注意義務を負いま
す（第2章 **3**(1)**ア**参照）。そして、この善管注意義務違反があった場合、
つまり、監査を怠ったことで会社に損害が生じた場合、社外監査役も
責任を追及されることがありえます。さらに訴訟において善管注意義
務違反が認められてしまえば、多額の損害賠償責任を負う可能性もあ
ります（具体的な事例については、第2章 **3**(2)**オ**参照）。このように、社
外監査役に就任するということは、法的な責任を問われる立場になる
リスクを含むものです。したがって、社外監査役に就任しようとする
際には、その会社に事故や法令違反等のリスクがどれほどあるのかに
つき検討しておくべきでしょう（この点については、下記(2)**ア**も参照）。

また、自己が将来負担することになりうる損害賠償責任に関しては、責任限定契約（第2章 **3** (2)**ア**(イ)参照）や、役員等賠償責任保険（D&O保険）契約、補償契約（第2章 **3** (2)**エ**参照）の締結の有無も重要です。これらを活用することで、万が一、任務懈怠責任が認められたとしても、条件を満たしていれば、負担する損害賠償額を一定の限度額にとどめることができます。

エ　株主総会・取締役会・監査役会への出席可能性

多くの会社では、3月決算の場合、株主総会は6月下旬に開催され、株主総会が終わるとその直後に取締役会と監査役会が開催されます。また、その後も、取締役会や監査役会は月1〜2回の頻度で開催されることが多いです。社外監査役の責務として、これらの株主総会・取締役会・監査役会に出席することは非常に重要であり、欠席はやむをえない場合に限るべきでしょう。

したがって、出席を要するこれらの会議日程については、あらかじめ出席することができるか否かを確認しておく必要があります。

なお、社外監査役の取締役会・監査役会への出席状況等は、事業報告の記載事項です（法施行規則 124 ④）。そのため、社外監査役が取締役会や監査役会に欠席すれば、事業報告を通して株主にも知られるところとなり、欠席が多数回となればその理由を問われる可能性もあります。

(2)　社外監査役就任前後に確認すべきこと

役員選任の株主総会が終了すれば、すぐに社外監査役としての職務を開始しなければなりません。そこで、社外監査役になろうとする者は、選任の株主総会前後、できるだけ早い時期に以下の内容を確認しておくことが望ましいでしょう。

ア　会社の状況の把握

　会社の顧問を務めている者が就任するような場合を除いて、新たに社外監査役に就任する者は、会社の内情やその会社をとりまく業界の状況等について十分に把握できていないことが多いと考えられます。

　しかし、会社の状況を十分に理解せずに社外監査役に就任することは、前述したように、自己の能力・経験に照らして過大な業務を負担することになったり（(1)イ参照）、予期せぬ損害賠償責任を負うことになったり（(1)ウ参照）しかねません。また、社外監査役就任後スムーズに監査業務を始めるためにも、会社の状況を把握しておくことは重要です。

⑦　具体的な着眼点

①　経営者の意識

　企業不祥事等を防ぐためには、経営トップが不祥事等予防に対して本気で取り組む姿勢であることが重要です。仮に、経営者の不祥事等予防に対する意識が低いようであれば、社外監査役としてのリスクは高くなると考えられます。

②　内部統制システムの整備状況

　企業不祥事等の予防・早期発見のためには内部統制システムの整備も必要となります（詳細については第4章参照）。企業規模が一定以上の大きさになると、事故や不祥事の情報が経営陣にまで上がってくるか、経営陣の決定した法令遵守に係る行動基準が現場まで周知徹底されているかといった、社内の情報伝達体制等が重要となってきます。また、法令遵守状況を監視するモニタリング部門の存在や、問題点の発見と改善措置の実施が定期的に行われているかという点も企業不祥事等予防に重要な役割を果たします。このような会社全体としての仕組みが整備されていない場合、社外監査役としてのリスクは高くなると考えられます。

③　財務状況

　過去相当期間にわたり業績が極めて悪化している会社については、社外監査役に就任することもリスクを伴います。仮に社外監査役の任期中に会社が倒産したような場合には、破産管財人等から任期中の監査について問題点を追及されるリスクも高まります。

④　会社の置かれた業界の状況

　社外監査役の役割は、取締役の職務執行が法令・定款等に違反していないかどうかチェックすることにあります。そして、会社が特殊な業界に属している場合、その会社に関係する法令も業界特有のものとなります。そこで社外監査役は、会社の業界に関連する法規制について、その改正状況も含め、ある程度把握していなければなりません。

　また、会社が特殊な業界に属している場合には、業界特有の取引慣行等も存在し、そのような事情が企業不祥事の背景となることもあります。したがって、社外監査役は、会社の業界の状況一般についても、事前にある程度把握しておく必要があります。

　　㈡　具体的方法

　以上のような具体的着眼点を意識しながら、まずは会社の定款や事業報告、有価証券報告書、会社ホームページのIR情報等に目を通してみるといいでしょう。これにより会社の大まかな状況をつかむことができます。さらにコーポレートガバナンス報告書を確認することで、当該会社のガバナンスの状況や、コーポレートガバナンス・コードの対応状況等について知ることができます。

イ　法令・会計知識の習得

　　㈠　社外監査役就任前後の準備

　前述したように、社外監査役の役割は、取締役の職務執行が法令・定款等に違反していないかチェックすることにあります。したがって、

社外監査役には当該会社に関連する法令等について一定の知識が要求されることになります。具体的には、①会社法、②金商法、③当該会社の属する業界の規制業法等です。

また、社外監査役には会計監査のための会計知識も要求されます。

これらの知識全てについて、社外監査役候補者内定から就任までという短期間で習得することはとても困難です。よって、まずはこれらの知識の概要および重要部分を理解し、あとは実際の監査業務を行う中で身につけていくことになるでしょう。

(イ) コーポレートガバナンス・コードの要請

役員として必要な知識の習得については、コーポレートガバナンス・コードにも記載があります。すなわち、コーポレートガバナンス・コード〔原則4－14〕〔補充原則4－14①〕には、監査役は、その役割・責務を適切に果たすために必要な知識の習得等に努めるべきであり、また、会社もそのような監査役のトレーニングについて機会の提供等を行うべきである旨が記載されています。

ウ　監査計画の内容確認

監査計画とは、1年間の監査活動を行うにあたり、その基本方針や重点監査項目、監査実施スケジュール・方法・内容・職務分担・予算等を記載したものです。多くの会社では、株主総会後の監査役会において年間の監査計画が作成されます。これにより、1年間の監査業務の内容や自らの分担等を把握することができます。

エ　監査役監査基準・監査役会規則の内容確認・見直し

監査役監査基準とは日本監査役協会が作成、公表している監査役の行動基準であり、公的なものではありませんが、監査業務をする上で非常に参考になります（詳細については第2章 **3**(2)**カ**参照）。多くの会社ではこの基準に準拠して、各社のそれぞれの事情を加味して内容を

修正したものを、自社の監査役監査基準としています。

　会社としてこの基準を定めるかどうかは任意ですが、定めた場合には、その基準に従って監査を行わなければならないという一定の拘束力が発生する可能性があります（この点が問題となった事件としてセイクレスト事件〔大阪高判平成27年5月21日判時2279号96頁〕。第2章**3**(2)**オ**参照）。社外監査役に就任する会社に監査役監査基準の定めがある場合には、内容を確認し、必要に応じて見直しをしておくとよいでしょう。

　また、監査役会に関する規則である監査役会規則についても、就任後早期に確認しておく必要があります。

2　取締役会

(1)　事前準備

ア　議案内容の理解

　監査役は、取締役会に出席し、必要があると認めるときは、意見を述べなければなりません（法383 I）。この点は社外監査役も同様であり、社外監査役は取締役会に出席し、取締役会での取締役の職務執行について監査しなければなりません。

　そして、取締役会において取締役が職務を全うしていることを適切に監視するためには、取締役会に向けた事前の準備が必要です。具体的には、取締役会に先立ち議案に関する資料を入手し、その内容について把握しておくことが必要です。

イ　監査役間での協議

　社外監査役は、会社内部の細かい状況についてまでは把握しきれない側面があります。また、議案についての詳細や疑問点について担当

部署から説明を受けることが困難な場合もあります。そのような場合、社内監査役が担当部署から説明を受けた内容について、監査役間で十分に情報共有を行う必要があります。

また、社外監査役は、重要案件については他の監査役と十分に協議を行い、取締役会において監査役としての意見を述べる必要があるのかどうか検討しなければなりません。

ウ　手続面の検証

監査役としては、招集手続や議案が、法令・定款・取締役会規則その他の社内規程等に違反していないかを確認することも必要です。そして、これらの点に違反がある場合、できるだけ早期に経営陣に対してその旨を指摘する必要があります。

(2)　経営判断原則の適用の有無の確認

実務上、取締役会における重要議案について、監査役が意識すべきなのは、経営判断原則の適用の有無です。

企業経営に関する判断は、時に積極的にリスクをとることが求められ、その結果失敗に終わり損失が生じることもあります。そのような場合に常に取締役の責任が発生していては、企業経営が萎縮してかえって会社の利益を害することになってしまいます。そこで、経営判断については取締役に広い裁量を認め、一定の要件を満たす限り、たとえ会社に損失が生じたとしても取締役に法的責任が発生しないという考え方がとられています。このような考え方を経営判断の原則といいます（詳細については第3章**4**参照）。

経営判断の原則の内容は、下級審裁判例によれば、①判断の前提となった事実認識に重要かつ不注意な誤りがなく、②意思決定の過程・内容が企業経営者として特に不合理・不適切なものといえない限り、当該取締役の行為は、善管注意義務違反ないしは忠実義務違反にはならないというものとされています。

監査役として経営判断原則の適用の有無を確認する際には、①意思決定の前提となる情報の収集と分析が行われているか、②選択肢を用いた検討がなされているか、③必要に応じて専門家から意見を取得しているか、④問題の先送りではないか、⑤法令・定款に違反していないか、⑥後日争われたときに備え証拠化（議事録、意見書等）されているかなどの点に着目するよう心掛けましょう。

(3)　取締役会におけるその他の監査

ア　取締役会の監督義務の履行状況の監査

　取締役会は、会社の業務執行の決定だけではなく、代表取締役等の職務執行の監督も行います（法362Ⅱ②）。そこで監査役は、取締役会がこの監督義務を適切に履行しているかどうかについても監視・検証する必要があります（監査役監査基準24条3項。〔図表5－3〕参照）。

〔図表5－3：監督義務の履行状況についての監査〕

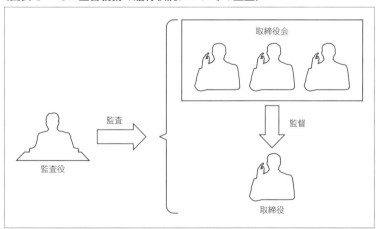

　また、代表取締役その他の業務執行取締役は、3か月に1回以上、職務執行の状況を取締役会に報告しなければなりません（法363Ⅱ）。

そのため監査役は、代表取締役等の取締役会に対する報告状況についても確認する必要があります（監査役監査基準24条3項）。

イ　他の重要会議との関係

取締役会とは別に経営会議や常務会が開催され、重要事項の審議・決定について、実質的にはこのような経営会議等で行われている会社もあります。そのような場合には、常勤の監査役は実質的に重要事項を審議する経営会議等にも出席することが期待されます。非常勤社外監査役としては、このような取締役会に先立つ経営会議等に出席することは困難な場合が多いですが、その場合にも、取締役会において経営会議等での議論について十分に説明がなされ、会社としての最終的な意思決定が取締役会においてなされるよう監視する必要があります。

ウ　議事録の検証

取締役会に出席した監査役は、議事録に署名または記名押印しなければなりません（法369Ⅲ）。この際、監査役は、議事録の内容について、取締役会における取締役・監査役の発言が正確に記載されているか、反対意見について省略されている点はないか、審議に供された資料は添付されているか等を確認する必要があります。

この議事録の検証は、取締役会での意思決定において、経営判断の原則の要件が満たされていることを証拠化しておくという意味でも重要です。後に取締役会での意思決定が争われた場合、当該意思決定に経営判断の原則が適用され取締役が責任を負わないとされるためには、その判断の前提となった資料や判断過程・内容を証拠化しておくことが重要です（この点について、詳しくは、第3章 **4**(3)を参照）。つまり、正確な議事録の保存により、資料や審議過程・内容を後に振り返ることができるようにしておくのです。

(4) 取締役会における意見の陳述

ア 意見を述べる範囲

　監査役は、必要があると認めるときは、取締役会において意見を述べなければなりません（法383Ⅰ）。

　監査役による業務監査は適法性監査に限定され、妥当性監査には及ばないと考えるのが通説ですが、取締役の職務執行について妥当性を欠く程度が大きければ善管注意義務違反となる可能性があり、その場合違法な職務執行となるため、監査役は取締役の職務執行の妥当性についても目を配らなければなりません（この点につき第2章**1**(2)参照）。したがって、妥当性の問題であることを理由に、監査役が意見を述べることが妨げられるべきではないと考えられています。

イ 社外監査役として期待される役割

　社外監査役は、独立性を有する者として、中立的な立場から客観的な意見を表明することが特に期待されています。社外監査役は、このような点について十分に意識しつつ、他の監査役と意見交換し、代表取締役および取締役会に対して忌憚のない意見を述べることが望まれます（監査役監査基準5条2項）。

3　監査役・監査役会における協議

(1) 監査役会の存在意義

　監査役会が設置されている会社でも、監査役が独任制であることに変わりはありません。監査役会が多数決により監査の方針や職務分担等を決定したとしても、このような決定により各監査役の権限の行使を妨げることはできないとされています（法390Ⅱただし書）。

そうすると、監査役会という制度がなぜ存在するのか疑問に思われるかもしれません。しかし、一定程度の規模を有する会社では、監査の対象も広範囲に及び、各監査役が会社業務の全範囲を網羅的に監査することは困難な場合が多いといえます。また、監査役全員が全範囲を監査する方法では、非効率的となってしまう場合もあるでしょう。

そこで、監査役会で職務分担を定めて監査の重複による無駄を省いたり、監査役会において各監査役の監査情報を共有することにより、組織的・効率的な監査を行うことが可能とされているのです（詳細については第2章**4**参照）。

社外監査役としても、監査役会のこのような機能を十分意識しつつ、監査役会での協議に臨むべきでしょう。

(2) 社外監査役の出席確保のための工夫

社外監査役にとって、取締役会・監査役会に出席することは非常に重要な職務です。したがって、社外監査役としては、まずは取締役会・監査役会に出席することに努め、欠席はやむをえない場合に限るべきです。

また、社外監査役の取締役会・監査役会への出席状況等は、事業報告の記載事項です（法施行規則124④）。そのため社外監査役が取締役会や監査役会に欠席すれば、事業報告を通して株主にも知られるところとなり、欠席が多数回にのぼれば、株主からその理由を問われる可能性もあります。

そこで、社外監査役の出席を確保するため、年間の監査役会の開催日時をあらかじめ決定しておくことが有効です（監査役監査基準8条1項）。監査役会の開催日時は、多くの会社で取締役会当日となっています。これには、他の仕事を兼務していることが多い社外監査役の出席の負担を軽くするためという理由もあります。

(3)　監査役会の運営

ア　議事の進行

　監査役会での議論を活性化するため、議題や関係資料等、必要な情報は事前に各監査役に伝えられていることが望ましいといえます。また、監査役会の議長は監査役それぞれが活発に意見を述べられるよう、議事を進行しなければなりません。

　多くの会社では、監査役会に関する事項につき監査役会規則が定められています。招集手続（法392）や監査役会の決議の方法（法393）については会社法に定めがありますが、監査役会の議長の選任方法等については、監査役会規則で定められることが多いです。

　各監査役は上記(1)で述べた監査役会の機能を十分意識しつつ、自らの監査の執行状況を監査役会に報告し、他の監査役と情報を共有するなど、組織的・効率的な監査を行うことが望まれます。

イ　議事録

　監査役会の議事については、議事録を作成しなければなりません（法393Ⅱ）。

　監査役も取締役と同様に、役員としての責任を追及されうる立場です。したがって、企業不祥事等が生じた場合には、監査役の職務の執行が適切だったか否かが争われ、監査役が責任を問われることもありえます。そのような場合に監査役会の議事録が適切に作成・保存されていれば、審議過程・内容を後に振り返ることができ、監査に問題がなかったことの立証の手段となりえます。

　監査役会議事録の法定の記載事項は以下のとおりです（法施行規則109Ⅲ）。

---

①　監査役会が開催された日時・場所
②　議事の経過の要領およびその結果

③　取締役等の法定の報告義務（法357Ⅰ・Ⅱ等）により、監査役会において述べられた意見・発言があるときは、その概要
④　監査役会に出席した取締役・会計監査人等の氏名または名称
⑤　監査役会の議長が存するときは、議長の氏名

⑷　株主総会直後の監査役会

　多くの会社では、株主総会の終了後、監査役会が開催されます。そこでは次の事項について決定することが多いです。

ア　監査役会の議長の選定

　監査役会は監査役の中から議長を定め、議長は監査役会を招集・運営します（監査役監査基準8条2項）。

　法律上、監査役会の議長の選定は任意であり、議長を選定した場合にも、各監査役の権限の行使を妨げることはできません。しかし、監査役会の議長を選定することで、監査役会の運営が円滑・容易になります。また、議長を選定した場合にも、監査役会は各監査役が招集することができますが（法391）、議長の選定により、だれが監査役会を招集するのかが実務上明確化されます。

イ　常勤監査役の選定

　監査役会は、監査役の中から常勤の監査役を1人以上選定しなければならないとされています（法390Ⅲ）。常勤監査役とは、争いがあるものの、他に常勤の仕事がなく、会社の営業時間中は原則としてその会社の監査役の職務に専念する者をいうと解されています（第2章4参照）。

　この常勤監査役の選定については、上記の議長の選定とは異なり、法定の必須事項です。

ウ　特定監査役の選定

　特定監査役とは、監査報告作成の際に、監査報告の内容について特定取締役や会計監査人との間で通知等のやりとりをする役目を負った監査役のことをいいます（法施行規則132 V、会社計算規則130 V）。なお、同様の役目を担う取締役を特定取締役といいます。

　特定監査役は、議長や常勤監査役の選定と併せて、株主総会終了後の監査役会において選定するのが通例です。また、上記の職務を円滑に遂行するために、常勤監査役の中から選ばれることが多いです。

　なお、特定監査役を定めなければ、全監査役が特定監査役となります。

エ　報酬等の協議

　社外監査役を含む監査役の個別の報酬等は、定款の定めまたは株主総会の決議がないときは、定款や株主総会で決議された報酬額の範囲内で、監査役の協議によって定めます（法387 II。第1章 **3** 参照）。この報酬等の協議についても株主総会直後の監査役会で行われることが一般的です。

　報酬等の決定には、監査役の全員一致が必要であり、監査役会の過半数で決めるわけではないことに注意が必要です。

　この協議では、常勤・非常勤の別、監査役間でどのような職務分担がなされているか、取締役の報酬等がどの程度の内容・水準なのかなどを考慮に入れ検討します（監査役監査基準12条1項）。

オ　監査方針・監査計画・職務分担等の協議、決定

　(1)において前述したように、一定規模を有する会社では、各監査役が会社業務の全範囲を監査することには限界があります。そこで、監査方針・監査計画・職務分担等を定めることにより、監査の重複等を避け、組織的・効率的に監査を行うことが期待されます（監査役監査基準37条）。

これは、非常勤社外監査役と常勤監査役の協働という点からも重要です。非常勤社外監査役が行うことができる監査には限界があるため、非常勤社外監査役と常勤監査役が適切に職務分担することで、それぞれの監査の相乗効果を期待することができるのです。

ただし、社外監査役としては、職務分担によりどのような業務を担当するかについて慎重に判断する必要があります。社外監査役の任務懈怠責任が認められたセイクレスト事件〔大阪高判平成27年5月21日判時2279号96頁〕では、社外監査役につき取締役の会社資金の不正流出に関する責任が問われましたが、責任を認めた根拠の1つとして、当該社外監査役が職務分担上、経営管理本部管掌業務を担当することとされていたことが挙げられています（詳細については、第2章**3**(2)**オ**参照）。上記裁判例を前提にすれば、自らが適切に監査を行いえない範囲まで職務分担を負ってしまうと、後に不祥事等が発生した際に、想定外の責任を負担することになるおそれもあるため注意が必要です。

多くの会社では、株主総会直後の監査役会において、その事業年度の監査の方針を定め、それに合わせて各監査役の職務分担を決定し、これらを含めた監査計画を作成します。

(5) 期中の監査役会

期中の監査役会では、各監査役が行った監査の結果が報告され、問題点が見つかれば監査役会において審議されることになります。

特に、上記(4)**オ**で述べたように、監査役会の重要な働きとして、常勤監査役と非常勤社外監査役の役割分担による協働と相乗効果があります。常勤監査役は職務分担に基づき経常的な監査活動を行い、そこから得た社内の情報と自らの監査意見を、期中の監査役会で非常勤社外監査役に報告します。このような社内の情報について報告を受けた非常勤社外監査役は、これに基づき、それぞれの専門的なバックグラウンドに応じた社外役員としての知見を提供することで、組織的・効率的な監査を実現するのです。

⑹ 事業年度終了前後の監査役会

事業年度終了前後の監査役会においては、本事業年度の期中監査の総括、期末監査のスケジュール・実施内容の確認等を行います。

ア　期中監査の総括

取締役会その他の重要会議出席における監査の状況や、取締役等との意思疎通、重要書類等の閲覧、事業所等の実地調査、会計監査人からの意見聴取等による期中監査の総括を行い、監査報告の基礎となる資料を作成します。

イ　期末監査のスケジュール等の確認

期末監査のスケジュール・実施内容の確認については、会社内部の関係部署との調整が重要です。経理部門や総務・法務部門が、決算から株主総会までのスケジュールを法定の期限に従い作成することが一般的です。それを前提に、監査役も関係部署と協議し、期末監査をどのように実施していくのかという点や、監査報告の提出日程等を決定します。

⑺ 株主総会前の監査役会

株主総会前の監査役会においては、株主総会の招集手続や提出書類・議案等に、法令・定款違反が存在しないかが主要な検討課題となります。

株主総会議案に関しては、監査役会において、現在の会計監査人を再任するか否かについても検討することになります（会計監査人の選解任等については、本章8を参照）。また、監査役の選任等、監査役会や監査役全員の同意が必要となる議案がある場合には、その審議が必要です。

4 業務監査

(1) 監査計画

ア 監査計画の目的

　実効的かつ効率的な監査活動を実現するためには、事前に適切な内容の監査計画を作成することが重要です。実際に、多くの会社において、監査活動は監査計画の作成からスタートします。

　一定規模を有する会社の場合、監査の対象も相当広範囲に及びます。監査役は独任制の機関であり、監査役1人1人が独立して監査を行うものですが、各監査役が会社業務の全範囲を監査していたのでは、適切な監査を行うことは困難です。また、特に社外監査役・社内監査役の別のように、各監査役にはそれぞれの強みがあり、その強みを互いに生かし相乗効果を発揮させる監査が望まれます。

　そこで、各監査役による監査の重複を防ぎ、実効的かつ効率的な監査を実現するために、監査役会において職務分担を定めるのみではなく、具体的な監査計画を作成し、それに基づいた監査を実施していくことが重要となるのです（監査役監査基準37条参照）。

イ 監査計画の作成

　監査計画は、常勤監査役が中心となって作成することが一般的です。

　多くの会社で、監査計画は、監査役の任期等を考慮して株主総会後から次の年の株主総会までという期間で作成されています。

　監査計画を作成する際には、前年度の監査計画およびその達成状況を踏まえ、①監査対象である会社の状況（自社およびグループ会社を取り巻く経営環境・経営リスク等）や、②監査主体である監査役の体制（監査役の人数や各監査役の専門性・監査習熟度等）を考慮しなければなりません。

また、実効的な監査活動を行うためには、会計監査人や内部監査部門との連携が不可欠になります。したがって、会計監査人からの説明や内部監査部門からの報告を受ける機会を定期的に設けるべきでしょう。また、これらの報告等により指摘された問題点については、監査計画に反映することが望ましいといえます。

　監査役は、監査計画が監査期間中に適宜見直され、修正されるものだということも理解しておく必要があります。監査活動を進めていく中で、期中で経営状況が変化したり、企業不祥事等の芽が発見されたりと、監査計画作成当初には予想しなかったことが生じることは、珍しいことではありません。そのような場合には、臨機応変に監査計画を修正していく必要があります。

ウ　監査計画の具体的記載内容とポイント

㋐　記載内容

　監査計画には、以下のような項目を記載することになります。ただし、これはあくまでも一例ですので、会社の規模や状況等に応じて適宜修正を行い適切な内容にする必要があります。

　なお、監査計画のフォーマットは、日本監査役協会のホームページから入手することができます。

---

① 　監査方針・重点監査項目
② 　監査実施スケジュール
③ 　監査方法・監査内容
④ 　各監査役の職務分担
⑤ 　監査費用の予算等

㋑　監査計画作成のポイント

　監査計画を作成するにあたって重要なことは、限られた監査資源を適切に配分することです。

一般的な会社では、監査業務にあてることができる資源（人員・費用）は限定されている一方、監査の対象は会社業務全般と非常に広範囲に及びます。そこで、監査すべき事項を挙げ、その事項ごとにリスクの高さを分析・評価した上で、リスクの高い事項に重点的に資源を投入するなど効率的な監査を行うことが重要です。

(2)　期中監査の概要

　監査役の監査活動には、期中監査と期末監査とがあり、事業年度中に日常的に行われる監査活動を期中監査といいます。期中監査では、主に、取締役会その他の重要会議への出席、取締役等との意思疎通・情報収集、重要書類等の閲覧、事業所の実地調査等を通じて、法令・定款違反その他の問題点がないかを調査・検証することになります。
　また、監査環境の整備や監査の実効性確保の措置をとることも期中監査の重要な内容です。
　そして、監査役は、上記の監査活動で得られた情報およびそこから形成された監査意見を監査調書に記録し、監査役会において情報を共有します（監査役監査基準60条）。なお、監査調書のフォーマットは、日本監査役協会のホームページから入手することができます。
　さらに監査役は、期中監査で把握した重要な問題点については、時機に遅れることのないよう、その都度、代表取締役・取締役会等に対し指摘・報告し、改善のための助言を行い、必要があれば勧告を行うなどしてフィードバックをします。これにより、経営陣に問題点を認識させ、改善の促進に寄与するのみならず、不正を行えば監査役が見逃さないという抑止効果を生み出すことができるのです。

(3)　監査の具体的方法

　期中監査では、取締役会等の出席、取締役等との意思疎通・情報収集、重要書類等の閲覧、実地調査等の方法により監査活動を行います。このうち、取締役会等の出席による監査については本章 **2** において述

べたとおりです。ここでは、その他の監査活動の基本的な監査の方法
について解説を加えます。

ア　取締役等との意思疎通・情報収集

　監査役は、会社の取締役や使用人等と意思疎通を図り、情報の収集
に努めなければなりません（法施行規則 105 Ⅱ。コーポレートガバナン
ス・コード〔原則 4 - 13〕および〔補充原則 4 - 13 ①〕参照）。これに
より、監査役は会社の状況やリスクの所在、その重要性を認識するこ
とができるのです。

　特に会社が不祥事等を防ぐことができるかは、経営トップの意識や
考え方・倫理観に大きく左右されます。したがって、監査役としては、
代表取締役と定期的に会合等を持つなどして意思疎通を密に行うこと
で、経営トップの考えを把握しておく必要があります。代表取締役と
の会合等では、会社に存在する問題点や想定されるリスク等について
の意見交換を行うことで、経営トップが会社の問題点をどのようにと
らえているのかを確認することができます。

　また、代表取締役以外の各取締役とも意思疎通を密に行うことによ
り、各取締役が担当する部門について、その状況や問題点を把握する
ことができ、取締役会での議論を効果的に理解することができます。

　取締役等との意思疎通および情報収集の手段には、以下のような
様々な方法が考えられます。これらを状況に応じて使い分け、意思疎
通および情報収集が行えるようにするとよいでしょう。

〔具体的手法〕
①　取締役会やその他の重要会議において情報・意見を交換する
②　実地調査等の機会に情報・意見を交換する
③　監査役会に取締役等を招き、報告を受け、情報・意見を交換する
④　取締役等と個別に定期的会合を行い、情報・意見を交換する
⑤　食事会等を開き、情報・意見を交換する

監査役と取締役の関係性は、信頼関係を構築しつつも一定の緊張感を保つという、いわば「つかずはなれず」の状態であることが望ましいといえます。信頼関係が構築されず、単に監視する者と監視される者という関係性では、取締役から十分な情報を入手することはできません。他方で、全く緊張感に欠ける関係では、いざ監査役が問題点を発見した場合に、適切な指摘・助言が期待できなくなってしまいます。

このことは、社外監査役の場合には特に意識しておく必要があります。

社外監査役は、常勤の社内監査役に比べ、特に社内の事情を把握する機会に乏しいため、取締役との信頼関係を構築することが不可欠です。例えば、会社の役員が任意で参加する企画の提案などがあった場合には、日程的に可能であれば積極的に参加することをおすすめします。取締役との些細な雑談の中で、非常に有益な情報が得られることも少なくありません。

ただし、本来、社外監査役に期待されているのは会社からの独立性であることにも留意しなければなりません。取締役との信頼関係と独立性のバランスを維持することが重要です。

イ　重要書類等の閲覧

法令・定款違反等がなされる場合には、稟議書や契約書等の重要書類に不自然な内容が含まれるなど、不祥事の兆候が現れることがあります。これら重要書類に現れたリスクの兆候は、企業不祥事を早期に発見する端緒となりえます。

したがって、監査活動を適切に行うためには、重要な稟議書等を閲覧することは不可欠です。重要書類等の閲覧は、監査役の事業報告請求権・業務財産調査権（法381Ⅱ。第2章 **2**(1)参照）に基づく重要な監査方法です。

また、重要書類等の内容を検証するとともに、それらの書類や情報の保存・管理状況や開示状況についても問題がないか検証する必要が

あります。

㋐ 重要な決裁書類

事実上、社内の決裁書類全てを検証することは困難な場合が多いですが、その場合にも、少なくとも社長決裁となっている稟議書については、閲覧・検証を行うことが望まれます。

また、会社には通常、決済基準等が設けられていますが、このような決済基準等に従った稟議がなされているかについても検証が必要です。

㋑ 重要な会議の議事録

株主総会や取締役会の議事録を閲覧し、法令等に従い作成・保存されているかを確認します。

また、取締役会以外の経営会議等で機動的に会社の重要事項が決定されている場合には、監査役としては当該経営会議に出席することが望まれますが、それが実現できなかった場合にも、議事録等について検証を行い、当該会議の内容に法令・定款違反その他の問題点がないかどうかを検証することが望まれます。

㋒ 重要な契約書類

まず、重要な契約について契約書が作成・保存されているかを確認します。

また、契約の内容が稟議に沿った内容となっているか、会社に著しい不利益を与えるものではないか等につき検証する必要があります。例えば、契約書の文言・用語の定義は明確であるかどうか、会社側に一方的に負担を生じさせるような条項や、契約の相手方が将来容易に契約関係から離脱できてしまうような条項がないか等については、十分注意する必要があります。

(エ) 中長期事業計画、予算・計算書類等

事業計画や予算の執行状況等について、当初計画との大幅な乖離がないか、月次の計算書類等の内容に異常な数値が存在していないか等を確認することが望ましいです。

(オ) 訴訟関係書類等

会社に著しい損害を与えるような紛争問題が生じていないかを確認しておくことが望まれます。紛争が生じている場合には、関係書類を閲覧し、その経緯を確認する必要があります。

さらに、例えば、契約書作成の不備により紛争が生じたとか、従業員に対しパワハラともとられかねない厳しい指導をしていたために紛争が生じたなど、当該紛争の原因が今後同様の問題を再発させうる場合には、個別の紛争対応だけではなく、全社的に改善措置がとられているかを確認することが望まれます。

ウ　実地調査（往査）

実際に事業活動の現場を確認することは、書類の調査のみではわからない職場の風土、設備の状況、リスクの有無等を実感することができ、非常に有効な監査方法の1つです。そこで監査役は、本社の各部署や、支店・工場等の事業所等において、事業報告請求権・業務財産調査権（法381Ⅱ。第2章**2**(1)参照）に基づき実地調査を行います。

(ア) 事前準備

実地調査の実施を決定した場合、まずは事前に調査先と日程の調整を行います。このときには、調査先の繁忙期を避けるなど必要な時間の確保を行うことが望ましいです。また、実地調査実施日までに、調査先の組織図や業務の流れがわかる資料を入手したり、過去の監査調書等を検証したりして、確認・ヒアリングすべき事項を整理しておくと実地調査が有効に進みます。

(イ) 調査項目

実地調査は、以下のような内容を中心に行います。

① 法令等遵守状況の確認

調査先の関係法令・社内規程の遵守状況を確認します。

② 内部統制システムの整備状況の確認

調査先において関係する規程、制度などの整備状況や、内部監査部門等による監査指摘事項に対する対応状況などについて確認します（内部統制システムの詳細については第4章参照）。

③ 資産の管理状況や設備の整備・稼働状況の確認

調査先で金銭や在庫がどのように管理されているのか、また、設備が適切に整備・稼働されているのかなどについて確認します。

④ 書類や重要情報の管理・保存状況の確認

調査先において、文書・規程類や重要情報の管理・保存がどのようになされているかを確認します。

近時、情報の漏えいは会社経営にとって最重要リスクとなっているといっても過言ではありません。事業所等においても、情報の管理が徹底されていることについて確認しておくことが望まれます。

⑤ 取引状況の確認

調査先における取引の状況を把握し、異常な取引や問題発生の有無について確認します。

(ウ) 調査後のフィードバック等

実地調査の結果については監査調書にまとめ、監査役会に報告します。また、必要に応じて調査先と意見交換を行い、問題点があればその指摘や助言・勧告を行います。

さらに、必要に応じて、関係取締役等にも報告を行い、情報共有をします。

（エ）　実地調査のポイント

　不祥事・事故その他の問題の兆候が、事業現場に現れることは珍しくありません。重要書類や取締役会等の議事内容の検証では発見することが困難な問題点が、事業現場を実地調査することで把握できることもあります。

　したがって、実地調査では、実際の事業現場の雰囲気や風通しの良さ、設備の整備状況・重要書類の管理状況等、目で見て、肌で感じられる情報を大事にすることが重要です。

エ　リモート監査

　コロナ禍の影響で、リモートワークや出張禁止等により実地調査が行えない状態が一定期間続いたことから、多くの会社においてリモートでの監査が行われるようになりました。

　リモート監査では、ウェブ会議システムや電話会議システム、データの送受信等を活用し、遠隔地にいながら支店・工場その他の事業所等の担当者とのヒアリングや会議への参加が可能になります。

　リモート監査は、実際に現場を見ることができる実地調査と比べると得られる情報量等が少ないとのデメリットはありますが、移動費用や時間の削減ができ、実施の調整も容易であるなどのメリットも多くあります。多数の事業所等を有する会社は、年間で全てを実地調査することは困難な場合が多いですが、リモートでの監査を併用することで、多くの先を監査できるようになります。また、これまでよりも監査役が参加できる会議が増える可能性もあります。

　このように、リモート監査を実地調査と併せて活用することにより、監査の実効性を図ることができます。

オ　社外監査役の役割

　上記イ、ウ、エにおいて解説した、重要書類等の閲覧や実地調査・リモート監査等の監査活動は、職務分担に応じて常勤監査役が主に担

当し、非常勤の社外監査役は常勤監査役からその結果の報告を受けることが一般的です。

　ただし、実地調査に自ら足を運び、実際に現場を見ることは、会社の事業活動を把握するために非常に有意義です。そのため、非常勤の社外監査役であっても、特に新しく就任した後の実地調査や、重要な事業所等の実地調査については、日程的に可能であれば参加することが望ましいでしょう。

　また、リモート監査は移動時間が不要となるため、非常勤の社外監査役もより参加しやすくなるといえます。

　非常勤の社外監査役は、常勤監査役から監査活動の結果の報告を受けた場合、法律や会計、経営者経験といった自らのバックグラウンドに応じて適宜意見を述べることになります。ここで重要なのは、社外監査役は、自らのバックグラウンドから感じる微妙な違和感を大事にしなければならないということです。例えば、法律家ならば不自然な取引や契約条項があれば違和感を覚えるでしょうし、会計の専門家であれば会計面の不自然な箇所に違和感を覚えることでしょう。このような違和感が、企業不祥事発見の端緒となることは少なくありません。

　このような違和感は、社外監査役それぞれの専門的なバックグラウンドから得られるものであり、どのようなバックグラウンドを有しているかによって、感じ取ることができる内容・程度は異なります。したがって、社外監査役は、自らのバックグラウンドに応じて感じる違和感について重点的に意見を述べることが重要であり、それによってそれぞれの専門性を活かした効率的な監査を行うことができるのです。

　以上のように、社外監査役には専門的なバックグラウンドに応じて、企業不祥事の端緒を感知することが求められているといえます。

(4)　期末監査

　監査役の監査活動のうち、事業年度末前後（3月決算の場合には3月末）から定時株主総会（3月決算の多くの会社では6月下旬）にかけて

行われる監査活動を期末監査といいます。

　期末監査では、事業報告等について監査を行い、その結果を基に監査報告を作成することや、定時株主総会に関連した対応を行います（監査報告については本章 **7** 参照）。

5　会計監査

(1)　会計監査の概要

ア　会計監査の意義

　取締役は、法令に従って、会社の財産や損益状況を表す計算関係書類を作成し、それを株主に報告します。この計算関係書類は、取締役が自らの職務執行について株主に報告するために作成したものであり、それだけでは株主の信頼を得ることはできません。

　そこで、監査役や会計監査人という独立した立場にある者が、取締役の作成した計算関係書類を監査することで、内容が適正であることを担保し、株主の信頼を得るのです。

イ　会計監査の対象

　上記の、会計監査の対象となる計算関係書類は、以下のとおりです（成立の日における貸借対照表は除かれます。法 436 Ⅱ ①、444 Ⅳ、441 Ⅱ）。

---

① 　各事業年度の計算書類とその附属明細書
② 　連結計算書類
③ 　臨時計算書類

ウ　会計監査人設置会社における会計監査の枠組み

　会計監査人設置会社においては、計算関係書類は監査役のほか会計

監査人の監査を受けることになります。この両者の監査の関係は、会計監査人が計算関係書類の適正性について第一次的に監査を行い、監査役は会計監査人監査の相当性を判断するという関係になっています。

　まず会計監査人は、会計の専門家という立場から、計算関係書類が一般に公正妥当と認められる企業会計の慣行に準拠して、会社の財産・損益の状況を適正に表示しているかについて監査します。そして、監査役は、この会計監査人の監査の方法・結果が相当であるかを判断するのです（会社計算規則127②）。

　つまり、監査役は、計算関係書類の適正性に対する自らの判断を示すのではなく、日常の監査を踏まえ会計監査人の監査の方法と結果について、重層的な判断を行うことになるのです（〔図表5－4〕参照）。

エ　会計監査人の職務の遂行が適正に実施されることを確保するための体制

　会計監査人の職務の遂行が適正に実施されることを確保するための体制に関する事項は、監査役の監査報告の記載事項です（会社計算規則127④）。

〔図表5－4：会計監査の枠組み〕

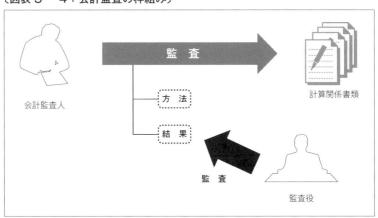

これに関し、会計監査人は、会計監査報告を特定監査役に通知する際、次の事項を通知することとされています（会社計算規則131）。

監査役は、これらの情報をもとに、会計監査人の職務の遂行が適正に実施されることを確保するための体制について確認する必要があります。

---

① 独立性に関する事項その他監査に関する法令および規程の遵守に関する事項
② 監査、監査に準ずる業務およびこれらに関する業務の契約の受任および継続の方針に関する事項
③ 会計監査人の職務の遂行が適正に行われることを確保するための体制に関するその他の事項

---

(2) 会計監査のポイント

ア 会計監査と業務監査とのつながり

監査役は、会計監査を検証するにあたり、業務監査とのつながりを意識する必要があります。

計算関係書類には、企業活動の実態が反映されています。そして監査役は、業務監査を通じて、この企業活動の実態を日常的に把握しています。そのため、計算関係書類が企業活動の実態を適切に反映していない場合、監査役が業務監査によって得られた情報をもとに、この問題点を察知できる可能性があります（〔図表5－5〕参照）。例えば、業務監査から得た情報によれば、売上げが低迷している部門であるにもかかわらず、計算関係書類上は目標数値を達成しているというような場合には、監査役が計算関係書類の記載と実態とのずれから、問題に気づくことも考えられます。

監査役の業務監査活動が、計算関係書類の適正性を担保する会計監

〔図表 5 − 5 ：会計監査と業務監査とのつながり〕

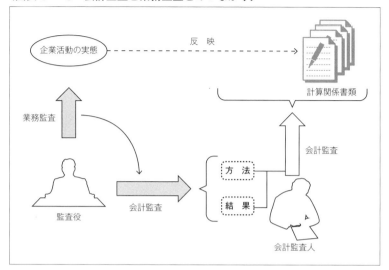

査の基本ともなっていることを、十分に意識しておく必要があるで
しょう。

イ　会計監査人との連携

　多くの会社では、会計監査人が監査役に対し、四半期ごとのタイミ
ングで監査状況等の報告を実施しています。この定期的な会計監査人
の報告を受けることにより、会社の会計上その他の問題点を把握でき、
それを日常の業務監査にも生かすことができます。

　このような報告は常勤の社内監査役のみが受ける会社もありますが、
会社の問題の所在を把握することができるよい機会であり、監査活動
にとって有意義ですので、非常勤の社外監査役であってもスケジュー
ルが合えば参加するとよいでしょう（会計監査人との連携について、詳
細は第6章参照）。

6 子会社の監査

(1) 子会社調査の意義

　子会社を有する会社のリスクとしては、親会社としての支配的立場を利用して子会社に不公正な取引を強要したり、子会社を利用して不正行為を行うことなどが考えられます。また、親会社の関与がない場合でも、子会社において生じる不祥事等は企業グループ全体に重大な損害を与えることになりかねません。

　そこで監査役は、その職務を行うため必要があるときは、子会社に対して事業の報告を求め、または子会社の業務・財産状況の調査をすることができるとされています（法381Ⅲ）。ただし、子会社は、正当な理由があるときは、この報告や調査を拒むことができます（法381Ⅳ）。

　なお、この子会社には海外子会社も含まれます（法2③、法施行規則3Ⅰ、2Ⅲ②）。

(2) 子会社調査のポイント

ア　親会社における情報収集

　子会社と接触をする前に、親会社において収集されている子会社の情報を分析しておく必要があります。また、親会社が当該子会社に対してどのような管理を実施しているのかを把握しておくことで、後の監査活動が円滑に進みます。

イ　子会社からの情報収集

　親会社において収集されている情報よりも詳細な情報が必要な場合には、まず子会社に対し報告を求め、さらに必要に応じて現地での実地調査を行います。その際には、子会社は小規模な会社であることが

多く、親会社からの監査に応対する能力（人手・体制）が十分に備わっていない場合もあるため、親会社側が効率的な監査を行うよう留意すべきでしょう。

　子会社に対して報告を求めたり、実地調査を行ったりする場合、子会社の代表取締役等と意思疎通を行っておくと、監査活動が円滑に進みます。また、グループ会社の各監査役が監査状況を報告し合う監査役連絡会を設けたりして、子会社の監査役と情報を共有する等の連携を行うことも有効です。

ウ　海外子会社の場合

　海外子会社には現地の法令等が適用されるため、その法令等に配慮した法令遵守体制の整備がなされているかを確認する必要があります。また、現地の言語に不慣れな場合には誤解を生じることもありうるため、子会社の代表取締役等との意思疎通がより重要になります。調査にあたっては事前に十分な説明をしておくよう注意しましょう。

　また、現地スタッフによる不正行為等、現地特有のリスクも検討する必要があります。

(3)　子会社調査における役割分担

　一般的に非常勤の社外監査役は、常勤の監査役と比べ監査活動を実施できる時間に制約があるため、両者が職務分担に応じて組織的に子会社監査を実施する必要があります。

　実務的には、子会社の実地調査等の監査活動については常勤監査役が担い、非常勤社外監査役はこれによって収集された情報とその分析結果について常勤監査役から報告を受け、法律や会計、経営者経験といった自らのバックグラウンドに応じて第三者的な立場から意見を述べることが多いでしょう。

7 監査報告

(1) 監査報告とは

　監査報告とは、監査役が各事業年度において年間を通じて実施してきた監査の結果を総括し報告するもので、1年間の監査活動の集大成ともいえるものです。本書では、取締役会設置会社、監査役会設置会社で、かつ、会計監査人を設置した会社を前提としていますので、このような会社における監査報告について以下で説明します。

　常勤・非常勤や社内・社外を問わず、全ての監査役は監査報告の作成義務を負っています（法381Ⅰ）。

　監査役会設置会社では、まず、各監査役が監査役監査報告を作成し、これに基づき監査役会が監査役会監査報告を作成します（法施行規則129Ⅰ、130Ⅰ、会社計算規則127、128Ⅰ）。

　監査報告には、事業報告等に関する監査報告（法施行規則129、130）と計算関係書類に関する監査報告（会社計算規則127、128）があり、事業報告等と計算関係書類とでは監査手続が異なっていることから、それぞれの監査報告の内容についても別々に規定されています。

　法令では監査報告の記載事項の定めはありますが、具体的な記載方法・内容の詳細については特に定められていません。日本監査役協会が公表している「監査役（会）監査報告のひな型」（2023年8月17日最終改定。このひな型では、事業報告等に関する監査報告と計算関係書類に関する監査報告を一体化して作成する形を採用しています。）を活用することで、監査報告の記載事項を網羅することができるため、参考にするとよいでしょう。

(2) 事業報告等に関する監査報告

ア 監査役監査報告

　監査役は、事業報告およびその附属明細書を受領したときは、次の事項を内容とする監査役監査報告を作成しなければならないとされています（法施行規則129 I）。

〔監査役監査報告の記載事項〕
① 監査役の監査（計算関係書類にかかるものを除く。）の方法およびその内容
② 事業報告およびその附属明細書が法令または定款に従い会社の状況を正しく示しているかどうかについての意見
③ 取締役の職務の遂行に関し、不正の行為または法令もしくは定款に違反する重大な事実があったときは、その事実
④ 監査のため必要な調査ができなかったときは、その旨およびその理由
⑤ 事業報告記載の内部統制システムの整備に関する取締役会の決定または決議の内容の概要および当該システムの運用状況の概要につき、その内容が相当でないと認めるときは、その旨およびその理由
⑥ 会社の財務および事業の方針の決定を支配する者の在り方に関する基本方針に関する事項が事業報告の内容となっているときは、当該事項についての意見
⑦ 親会社等との間の取引に関する事項が事業報告の内容となっているときは、当該事項についての意見

イ 監査役会監査報告

　次に、監査役会は、各監査役の作成した監査役監査報告に基づき、以下の事項を内容とする監査役会監査報告を作成しなければなりません（法施行規則130 I・Ⅱ）。

〔監査役会監査報告の記載事項〕
① 監査役および監査役会の監査の方法およびその内容
② 上記ア②〜⑦に掲げる事項
③ 監査役会監査報告を作成した日

　監査役会において監査役会監査報告を作成する場合には、監査役会は、1回以上会議を開催する方法または情報の送受信により同時に意見の交換をすることができる方法により、監査役会監査報告の内容を審議しなければならないとされています（法施行規則130Ⅲ）。これは、監査役会監査報告の内容について審議する機会を確保させるためで、監査役会監査報告を作成するにあたっては、各監査役からの報告に基づき、十分な時間をかけて審議し意見の調整を行う必要があります。

(3) 計算関係書類に関する監査報告

ア　監査役監査報告

　会計監査人設置会社の監査役は、計算関係書類および会計監査人の作成した会計監査報告を受領したときは、次の事項を内容とする監査役監査報告を作成しなければなりません（会社計算規則127）。

〔監査役監査報告の記載事項〕
① 監査役の監査の方法およびその内容
② 会計監査人の監査の方法または結果を相当でないと認めたときは、その旨およびその理由（通知期限日までに会計監査報告を受領していない場合は、その旨）
③ 重要な後発事象（会計監査報告の内容となっているものを除く。）
④ 会計監査人の職務の遂行が適正に実施されることを確保するための体制に関する事項
⑤ 監査のため必要な調査ができなかったときは、その旨およびその理由

イ　監査役会監査報告

次に、監査役会は、事業報告等に関する監査役会監査報告の場合と同様に、各監査役の作成した監査役監査報告に基づき、以下の事項を内容とする監査役会監査報告を作成しなければなりません（会社計算規則 128 Ⅰ・Ⅱ）。

〔監査役会監査報告の記載事項〕
① 監査役および監査役会の監査の方法およびその内容
② 上記ア②～⑤に掲げる事項
③ 監査役会監査報告を作成した日

なお、監査役会監査報告の作成にあたり、監査役会が、1回以上会議を開催する方法または情報の送受信により同時に意見の交換をすることができる方法により、監査役会監査報告の内容を審議しなければならない点は、事業報告等に関する監査役会監査報告の場合と同様です（会社計算規則 128 Ⅲ）。

(4)　監査役による異なる内容の付記

すでに述べたとおり、監査役会設置会社では、まず各監査役が監査役監査報告を作成し、これに基づき監査役会が監査役会監査報告を作成します。そのため、一定の事項について、監査役の作成した監査役監査報告の内容と監査役会監査報告の内容が異なる可能性があります。このような場合、監査役は当該事項に係る監査役監査報告の内容を監査役会監査報告に付記することができます。このような付記は、事業報告等に関する監査役会監査報告と計算関係書類に関する監査役会監査報告のいずれについても認められています（法施行規則 130 Ⅱ後段、会社計算規則 128 Ⅱ後段）。

このような付記は、その内容が会計監査人の監査の方法または結果について相当でないとするものである場合に、特に大きな意味を持つ

ことになります。すなわち、計算書類については、一定の要件の下で定時株主総会の承認を省略することが認められていますが（法439、会社計算規則135）、上記のような付記がなされた場合には、要件を満たさないため、承認の省略が認められないことになります（会社計算規則135③）。このように、付記の内容によっては、その後の手続に大きな影響を与えることになるため、監査役が行う監査役監査報告の内容の付記には重要な意義があるといえます。

(5) 監査報告の通知期限

ア 事業報告等に関する監査報告

特定監査役は、以下のいずれか遅い日までに、特定取締役に対して、監査役会監査報告の内容を通知しなければならないとされています（法施行規則132 Ⅰ）。

---

① 事業報告を受領した日から4週間を経過した日
② 事業報告の附属明細書を受領した日から1週間を経過した日
③ 特定取締役および特定監査役の間で合意した日

ここでいう特定監査役とは、監査役会監査報告の内容を特定取締役に対し通知することおよび監査役会監査報告を通知すべき日について特定取締役と合意することを役割とする監査役で、特定監査役として監査役会で定めた監査役がいる場合は当該監査役をいい、定めていない場合には全ての監査役を指します（法施行規則132 Ⅴ②）。

また、特定取締役とは、監査役会監査報告の内容の通知を受けることおよび監査役会監査報告の内容の通知を受ける日について特定監査役と合意することを役割とする取締役で、特定取締役として定めた取締役がいる場合は当該取締役、定めていない場合は事業報告およびその附属明細書の作成に関する職務を行った取締役を指します（法施行規則132 Ⅳ）。

イ　計算関係書類に関する監査報告

特定監査役は、連結計算書類以外の計算関係書類に関する監査役会監査報告について、以下のいずれか遅い日までに、特定取締役および会計監査人に対し、監査役会監査報告の内容を通知しなければならないとされています（会社計算規則 132 Ⅰ①）。

---

① 会計監査報告を受領した日から1週間を経過した日
② 特定取締役および特定監査役の間で合意により定めた日があるときはその日

また、連結計算書類に関する監査役会監査報告については、会計監査報告を受領した日から1週間を経過した日（特定取締役および特定監査役の間で合意により定めた日がある場合にはその日）までに、特定取締役および会計監査人に対し、監査役会監査報告の内容を通知しなければならないとされています（会社計算規則 132 Ⅰ②）。

ここでいう特定監査役とは、以下の役割を負う監査役で、特定監査役として監査役会で定めた監査役がいる場合は当該監査役をいい、定めていない場合には全ての監査役を指します。

① 会計監査人から会計監査報告の内容の通知を受け、当該監査報告の内容を他の監査役に通知すること、および会計監査報告の内容の通知を受けるべき日について特定取締役・会計監査人との間で合意すること（会社計算規則 130 Ⅴ②）
② 計算関係書類に係る監査役会監査報告の内容を特定取締役・会計監査人に対し通知すること、および監査役会監査報告の内容を通知すべき日について特定取締役と合意すること（会社計算規則 132 Ⅰ）

また、特定取締役とは、計算関係書類に係る会計監査人の会計監査報告や監査役会監査報告の内容の通知を受けること、および各監査報告の内容の通知を受ける日について会計監査人・特定監査役と合意す

ることを役割とする取締役で、特定取締役として定めた取締役がいる場合は当該取締役、定めていない場合は計算関係書類の作成に関する職務を行った取締役を指します（会社計算規則130 IV）。

(6) 監査報告を作成する際の留意点

監査報告は、監査役の1年間の監査の結果を総括し報告するもので、1年間の監査活動の集大成ともいえるものです。そのため、監査報告を作成するにあたっては、以下のような点に留意しながら慎重に作成することが求められます。

まず、記載した内容が法令の要件を満たしているかという点や、必要な項目を全て網羅しているかという点について、十分に確認することが必要です。文章に誤記等がないかという正確性についての確認も怠らないよう気を付けましょう。

次に、監査報告の内容は、他の監査役や取締役、株主等が確認することとなり、場合によっては内容についてこれらの者から質問を受けることもあるため、第三者に説明することが可能なものでなければなりません。そのためには、監査報告に記載する内容について、裏付けとなる資料を整備しておくことが重要です。

最後に、非常勤の社外監査役の場合に特に注意が必要な点として、監査報告には自らが実際に行った内容のみを記載するという点が挙げられます。実務では、常勤監査役や監査役スタッフから監査報告の案文を提示されることが多いと思いますが、その際には、内容をよく確認し、自ら行った監査の実態と異なる記載がある場合には修正をする必要がありますので注意しなければなりません。

8 会計監査人の選任・解任・不再任・報酬等

(1) はじめに

　会計監査人は、会社の計算関係書類の監査をその職務としています（法396 I）。そして、監査役会は、株主総会に提出する会計監査人の選任・解任・不再任に関する議案の内容を決定する権限や、法定事由に基づく解任権を有するとともに、会計監査人の報酬等の決定に関する同意権を有しています。そのため、監査役会は現任の会計監査人や会計監査人候補者について適切に評価をした上で、その評価等を前提として会計監査人の選解任等や報酬等決定の同意について検討することが必要となります。以下では、このような検討に際し、監査役として留意すべき点について解説します。

(2) 会計監査人の選解任等や報酬等決定の同意に関する規律

　まず、会計監査人の選解任等や報酬等決定の同意について法令等ではどのように規律されているのかを確認します。

　〔図表５－６〕のように、監査役会は、①株主総会に提出する会計監査人の選任・解任・不再任に関する議案の内容についての決定権、②法定事由に基づく会計監査人の解任権、③会計監査人の報酬等の決定に関する同意権を有しています。それぞれについて以下で説明します。

ア　株主総会に提出する選解任等に関する議案内容の決定

　会計監査人は、株主総会の普通決議により選任されます（法329 I）。株主総会に提出する会計監査人の選任・解任および会計監査人を再任しないことに関する議案の内容は、監査役会が決定するとされています（法344 I・Ⅲ）。この点については、従前は、取締役会に会計監査人の選解任等の議案の決定権が与えられていました。しかし、監査を

〔図表 5 − 6 ： 会計監査人の選解任等に関する規律〕

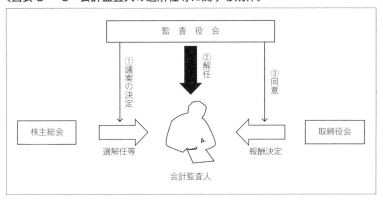

受ける立場にある取締役（会）が監査を行う立場にある会計監査人の選解任等の議案の決定権を持つというのは、会計監査人の独立性の確保という観点から問題があります。そこで、会計監査人の独立性をより高めるため、取締役会ではなく監査役会が会計監査人の選解任等の議案の内容を決定することとされたのです。

イ 法定事由に基づく解任

監査役会は、会計監査人が次の①〜③のいずれかに該当するときは、監査役全員の同意によって、その会計監査人を解任することができます（法340 Ⅰ・Ⅱ・Ⅳ）。

---

① 職務上の義務に違反し、または職務を怠ったとき
② 会計監査人としてふさわしくない非行があったとき
③ 心身の故障のため、職務の執行に支障があり、またはこれに堪えないとき

この場合、監査役会が選定した監査役は、解任後最初に招集される株主総会で解任の旨と解任理由を報告する必要があります（法340

Ⅲ・Ⅳ）。

　会計監査人は、株主総会決議により解任することができるとされて
いますが（法339Ⅰ）、上場会社等の場合には、解任のために臨時株
主総会を招集するのが容易ではないことも多く、会計監査人の解任を
常に株主総会決議により行わなければならないとすると、会計監査人
に問題が生じた場合でも迅速に解任を行うことができないおそれがあ
ります。そこで、上記①～③のような重大事由が生じている場合には、
株主総会を開催することなく速やかに解任ができるよう、監査役全員
の同意により監査役会が会計監査人を解任することを認めているので
す。

ウ　報酬等決定に関する同意

　取締役は、会計監査人または一時会計監査人の職務を行うべき者の
報酬等を定める場合には、監査役会の同意を得なければならないとさ
れています（法399Ⅰ・Ⅱ）。これは、監査を受ける立場である取締役
のみが会計監査人の報酬等を決定すると、会計監査人が十分に監査を
行うことができないよう報酬等を不当に低い水準にしたり、高額な報
酬等を与えるのと引き替えに十分な監査を行わないことを要求したり
するなどの事態が生じるおそれがあるため、会計監査人の独立性確保
の観点から定められているものです。

　会計監査人の独立性確保のための措置という点では選解任等の場面
と同様ですが、上記アで説明したとおり、会計監査人の選解任等につ
いては監査役会に議案内容の決定権が認められている一方、会計監査
人の報酬等の決定については監査役会には同意権しか与えられていま
せん。これは、報酬等の決定については財務に関わる経営判断と密接
に関連することから、経営者である取締役に決定権を認めるべきであ
ると考えられているためです。なお、同意の対象となるのは、会計監
査人の職務に対する報酬等であり、それ以外の業務についての報酬等
については同意の対象とされていません。

エ　評価・選定基準の策定

　コーポレートガバナンス・コード〔補充原則3－2①(i)〕は、監査役会は外部会計監査人候補を適切に選定し外部会計監査人を適切に評価するための基準の策定を行うべきであるとしています。

　このように、コーポレートガバナンス・コードでは、会計監査人を評価・選定するための基準を策定することが求められています。

(3)　会計監査人の選解任等に関する具体的プロセス

　次に、会計監査人の選解任等を行う場合の具体的なプロセスについて説明します。

　会計監査人の選解任等は、①評価・選定基準の策定、②評価基準に基づく評価、③現任の会計監査人につき再任・不再任・解任を行うか否かの判断、④選定基準に基づく会計監査人候補者の選定（新たな会計監査人を選任する場合）というプロセスを経て行われることが望ましいと考えられます（〔図表5－7〕参照）。

〔図表5－7：会計監査人の選解任等のプロセス〕

ア　基準の策定について

　会計監査人の選解任等を検討するにあたっては、まず評価・選定の基準を策定することが重要となります。なぜなら、一定の基準を定めた上で、それに当てはめて評価・選定を行うことでプロセスの客観性・透明性を確保することができるからです。また、コーポレートガバナンス・コードでは評価・選定についての基準の策定が求められているため、会社がこれを実施することとした場合には、会計監査人の

選解任等にあたってまず基準の策定を行わなければなりません。

　基準としてどのような事項を設定すべきかについては、日本監査役協会が公表している「会計監査人の評価及び選定基準策定に関する監査役等の実務指針」（平成 29 年 10 月 13 日改正）が参考になります。同指針で挙げられているチェック項目の例は以下のとおりです。

〔会計監査人の評価基準項目例〕

第 1　監査法人の品質管理

1 － 1　監査法人の品質管理に問題はないか。

1 － 2　監査法人から、日本公認会計士協会による品質管理レビュー結果および公認会計士・監査審査会による検査結果を聴取した結果、問題はないか。

第 2　監査チーム

2 － 1　監査チームは独立性を保持しているか。

2 － 2　監査チームは職業的専門家として正当な注意を払い、懐疑心を保持・発揮しているか。

2 － 3　監査チームは会社の事業内容を理解した適切なメンバーにより構成され、リスクを勘案した監査計画を策定し、実施しているか。

第 3　監査報酬等

3 － 1　監査報酬（報酬単価および監査時間を含む。）の水準および非監査報酬がある場合はその内容・水準は適切か。

3 － 2　監査の有効性と効率性に配慮されているか。

第 4　監査役等とのコミュニケーション

4 － 1　監査実施の責任者および現場責任者は監査役等と有効なコミュニケーションを行っているか。

4 － 2　監査役等からの質問や相談事項に対する回答は適時かつ適切か。

第 5　経営者等との関係

5 － 1　監査実施の責任者および現場責任者は経営者や内部監査部門等と有効なコミュニケーションを行っているか。

第 6　グループ監査

6 － 1　海外のネットワーク・ファームの監査人もしくはその他の監

査人がいる場合、特に海外における不正リスクが増大している
　　　ことに鑑み、十分なコミュニケーションが取られているか。
第7　不正リスク
7－1　監査法人の品質管理体制において不正リスクに十分な配慮が
　　　なされているか。
7－2　監査チームは監査計画策定に際し、会社の事業内容や管理体
　　　制等を勘案して不正リスクを適切に評価し、当該監査計画が適
　　　切に実行されているか。
7－3　不正の兆候に対する対応が適切に行われているか。

〔会計監査人の選定基準項目例〕
第1　監査法人の概要
1－1　監査法人の概要はどのようなものか。
1－2　監査法人の品質管理体制はどのようなものか。
1－3　会社法上の欠格事由に該当しないか。
1－4　監査法人の独立性に問題はないか。
第2　監査の実施体制等
2－1　監査計画は会社の事業内容に対応するリスクを勘案した内容か。
2－2　監査チームの編成は会社の規模や事業内容を勘案した内容か。
第3　監査報酬見積額
3－1　監査報酬見積額は適切か。

　これらの項目は基準の策定にあたり考慮すべき重要な事項を取り上
げたものですが、基準を策定する際に必ずしも全ての項目を織り込ま
なければならないというわけではありません。会社の規模、業種、海
外子会社の有無等に応じて会社ごとに考慮すべき事項が異なる以上、
各会社が策定すべき基準も一律ではありません。それぞれの会社の状
況を考慮して、項目の取捨選択を行いながら基準を策定することが重
要です。

イ　評価に関するプロセス

　次に、当該基準を用いて評価を行うことになります。ここでまず行うべきなのは、現任の会計監査人の評価です。現任の会計監査人の評価の結果が良ければ当該会計監査人を再任する方向に傾きますし、逆に評価が悪ければ不再任や解任を検討することになります。このように、基準を用いた評価は、最終的な選解任等の判断の前提となるものであり、非常に重要なプロセスであるといえます。

　評価の手続・方法については特に定めがありませんが、評価の客観性・透明性を確保するという観点から、監査役会による審議を経ることが望ましいと考えられます。その場合、審議の内容および評価の結果は、記録に残すために議事録に記載しておくとよいでしょう。加えて、監査役会において具体的にどのような手続を経て評価するのかを内規や申合せ事項として定めておけば、より手続の客観性・透明性の確保を図ることができ、かつ、監査役会のメンバーに交替が生じた場合でも一貫した手続により評価することが可能になります。

ウ　再任・不再任・解任の判断

　評価が完了した後は、監査役会において、その結果を踏まえて現任の会計監査人について再任するか否か、あるいは場合によっては解任する必要があるか否かの判断を行うことになります。

　評価の結果が悪く、現任の会計監査人の不再任・解任が相当だと判断した場合や、定期的に会計監査人を交替する制度を採用する場合には、現任の会計監査人の不再任・解任について監査役会で議案を決定することになります。また、現任の会計監査人について、法340条1項各号に該当するような事実が認められる場合には、監査役全員の同意により監査役会が会計監査人の解任を行うことも検討する必要があります。

　他方、監査役会において評価の結果に問題がなく現任の会計監査人を再任するという判断をした場合には、会計監査人の任期満了時の定

時株主総会において別段の決議がなされなければ再任されたものとみなされることから、会計監査人の再任について株主総会決議を行う必要はありません（法338Ⅱ）。

エ　選定に関するプロセス

現任の会計監査人につき不再任・解任の判断をした場合には、新たな会計監査人の選任についても監査役会で議案を決定する必要があります。そして、この場合には、選定基準に基づいて会計監査人候補者を選定することになります。会計監査人候補者の選定についても、現任の会計監査人に対する評価の場面と同様、監査役会において具体的にどのような手続を経て選定するかを内規や申合せ事項として定めておくとよいでしょう。

⑷　会計監査人の選解任等に関する株主総会質問への対応

会計監査人の選解任等は、原則として株主総会決議により行われます。株主総会において決議をするにあたり、株主から会計監査人の選解任等について質問がなされる可能性があります。このような場合に、監査役としてどのように対応すべきかについて説明します。

監査役は、株主総会において、株主から株主総会の目的事項に関する事項について説明を求められた場合には、原則として当該事項について必要な説明をする義務があります（法314）。そのため、株主総会において会計監査人の選解任等について決議を行うにあたり、株主から当該事項について質問を受けた場合には、監査役は必要な説明をしなければなりません。

なお、会計監査人を再任する場合には、上記⑶ウで説明したとおり、再任について株主総会決議を行う必要がないため、再任に関する議案は株主総会に提出されません。もっとも、この場合でも、株主総会において、事業報告や計算書類の内容の報告等との関係で、会計監査人の再任理由等について質問がなされる可能性があり、それに対して監

査役は一定の限度で説明義務を負うものと考えられます。したがって、会計監査人を再任する場合であっても、監査役は株主総会において株主から質問がなされることを想定して、準備をしておく必要があります。

〔質問例〕
・ 会計監査人の評価・選定に関する基準を策定していますか。策定しているのであればどのような内容か教えてください。
・ 会計監査人を不再任（解任）とする理由を教えてください。
・ 会計監査人候補者はどのようなプロセスで選ばれたのですか。
・ 会計監査人は期中に行政処分を受けています。再任ではなく不再任とすべきではないですか。

---

(5) 報酬等決定に関する同意における留意事項

すでに述べたとおり、会計監査人の報酬等を決定するにあたり監査役会の同意が必要とされているのは、会計監査人の独立性を確保するためです。そのため、監査役会は、会計監査人の報酬等決定に関する同意権を行使する際には、このような趣旨に留意して、会計監査人が独立した立場で適正な監査計画のもと会計監査を遂行することができる報酬等であるか否かを判断することが求められます。

監査役は報酬等決定に関する同意の検討に際し、まず、判断の前提となる情報の収集を行わなければなりません。具体的には、報酬等の内容や報酬等の決定に至る経緯、監査計画の内容、監査役会の同意の対象とならない非監査報酬等の有無および内容、その他報酬等が適切か否かを判断する上で重要であると考えられる各種の情報を把握しておく必要があります。

次に、そのような情報について妥当性の分析・検討を行うことになります。この点に関し、日本監査役協会が公表している「会計監査人

との連携に関する実務指針」（2021年7月30日最終改定）では、収集した情報に基づき会計監査人の新事業年度の「監査計画」の内容についてリスク・アプローチの観点を踏まえ十分な監査品質が確保できているかを主体的に吟味・検討し、加えて「監査時間」と「報酬単価」が想定する監査品質に見合うかの精査を通じて「報酬見積り」の算出根拠・算定内容についてその適切性・妥当性を検討しなければならないとされています。これらの検討に際し留意すべき点として、日本監査役協会が公表している「監査役監査実施要領」（2023年5月22日最終改定）では、以下の点が挙げられています。

---

① 会社の内部統制の状況が適切に認識・評価され、反映されているか
② 監査対象が会社のリスクに対応して適切に選択されているか
③ 監査手続が適切なものであるか
④ 監査の効率化に向けた取組みが認められ、かつ監査時間に過不足はないか
⑤ 新事業年度特有の事項や重点事項等が監査計画に適切に反映されているか
⑥ 監査役の指摘事項や要望事項が適切に反映されているか
⑦ 監査担当チームの職掌ランク別の監査時間および報酬単価は合理的な範囲内にとどまり、かつ、それら監査人員の配分は適切なものか
⑧ 過去の計画時間および実績時間の推移に照らし、不合理な点はないか
⑨ 金額水準は妥当なものであるか（過小で会計監査人がリスクに対応した十分な監査を実施できないことはないか、また、過大で独立性を損なうことはないか等）
⑩ 非監査報酬の内容・金額は妥当なものであるか
⑪ 同業他社・同規模会社等の情報と比較し、不合理な点はないか

このような検討に基づき、監査役会において会計監査人の報酬等決

定について同意するか否かを審議し決議することになります。

9 競業取引・利益相反取引

　会社法では、取締役が会社の利益を犠牲にして自己または第三者の利益を図ることを防止するために、競業取引・利益相反取引について規制が設けられています（法356）。

　競業取引とは、取締役が自己または第三者のために会社の事業の部類に属する取引を行うことをいいます。また、利益相反取引とは、取締役が自己または第三者のために会社との間で行う取引（直接取引）、および会社が取締役の債務を保証するなど、会社と取締役以外の者との間の取引であって、会社と取締役との利益が相反するもの（間接取引）をいいます。

　監査役としては、まず規制内容を正しく理解することが適切な監査の第一歩となります。そこで、以下では、このような競業取引・利益相反取引に関する規制について説明した上で、監査役として留意すべき点について述べます。

(1) 規制の対象と内容

ア 規制の対象

　規制の対象は「取締役」とされています（法356 I）。ここでいう「取締役」には、代表権や役付の有無、業務執行担当の有無、常勤・非常勤、社内・社外を問わず、全ての取締役が含まれます。

イ 規制の内容

(ア) 競業取引

　競業取引規制の対象となるのは、「会社の事業の部類に属する取引」とされています（法356 I ①）。「会社の事業の部類に属する取引」と

は、会社が行っている事業と市場において競合し、会社と取締役の間に利益の衝突をきたす可能性のある取引をいいます。

競業取引規制の対象となるかが問題となるものとして、以下のような場合があります。

① 会社の事業と類似する取引

規制が及ぶ取引は、会社が実際に行っている取引より広く、会社の事業で取り扱っているのと同種または類似の商品・役務で会社と競争を生じうる取引については、競業取引規制が及ぶとされています。

② 付帯事業・補助的行為

会社の事業に付帯する各種事業（付帯事業）は、会社の事業を遂行するために不可欠のものであるため、競業取引規制が及ぶと考えられています。例えば、製造業を営む会社の原材料の仕入れは、このような付帯事業にあたります。

これに対し、手形の振出、資金の調達、事務用品の買い入れ、営業所や工場用の不動産の購入や賃貸借等、主たる事業の維持便益のためにする補助的行為については、競業取引規制が及ばないと考えられています。

③ 営業地域が異なる場合

取締役が取引を行う地域が会社の営業地域と異なるため、市場において競合を生じるおそれがないときには、原則として競業取引規制は及びません。ただし、現在は会社の営業地域ではなくても、会社が具体的に進出を計画している場合や、その地域へ進出することが確実または合理的に予測される場合などには、競業取引規制が及ぶと考えられています。

⑷ 利益相反取引

利益相反取引の規制としては、直接取引（法356Ⅰ②）と間接取引（法356Ⅰ③）の2種類が定められています。

① 直接取引

　法356条1項2号は、取締役が自己または第三者のために会社と取引を行うことを規制しています。取締役が直接会社と取引を行う場合と、取締役が第三者である個人を代理して、もしくは法人を代理・代表して会社と取引を行う場合に同号の適用があります。

② 間接取引

　法356条1項3号は、会社が取締役以外の者との間において、会社と当該取締役との利益が相反する取引を行うことを規制しています。間接取引の具体例としては、取締役個人の債務を会社が保証したり、引き受けたりする場合や、取締役が他社の代表取締役を兼務している場合において、当該他社の債務を保証したり、当該他社の債務について会社の財産に抵当権を設定する場合などがあります。

(2) 会社の承認

　取締役は、競業取引または利益相反取引をしようとするときは、取締役会において、当該取引につき重要な事実を開示し、その承認を受けなければならないとされています（法356 I、365 I）。

ア　重要事実の開示

　競業取引・利益相反取引に関する取締役会の承認に際しては、当該取引が会社に及ぼす影響等を明らかにするため、当該取引に関する重要な事実の開示が求められます。

　具体的には、取引の種類、相手方、目的物、数量、価格、期間、履行期、主債務者の返済能力等が重要な事実に該当します。

　このような重要事実の開示を欠いている場合や、開示が不十分な場合、虚偽の開示がなされた場合などには、取締役会の承認を得たとしても当該承認は無効になると解されます。

イ　包括承認

　取締役の競業取引・利益相反取引についての承認は、原則として個々の具体的取引ごとに個別の承認を得る必要があります。

　ただし、反復継続される取引については、種類・数量・限度額・期間等を特定した上で、合理的な範囲で一定程度包括的に承認を行うことも認められています。なお、包括承認を得た後に、取引内容が変更された結果、取引範囲が当初より増加したり、開示されていた事実に大幅な変更があった場合には、包括承認を改めて取り直すことが必要となる場合もあるため注意が必要です。

ウ　特別利害関係人

　競業取引・利益相反取引についての取締役会の承認決議において、以下の取締役は特別利害関係人（法369Ⅱ）に該当すると解されるため、当該取締役は議決に参加することができません。

・競業取引　　　　　競業取引を行おうとする取締役
・利益相反取引
　　（直接取引）　　　会社と取引を行おうとする取締役
　　（間接取引）　　　会社と利益が相反する関係にある取締役

---

(3)　会社への報告

ア　通常の報告

　競業取引・利益相反取引を行った取締役は、当該取引後遅滞なく当該取引についての重要な事実を取締役会に報告しなければならないとされています（法365Ⅱ）。ここで報告が求められる重要な事実は、会社の承認を得る際に開示が求められた重要事実と同程度の事項と考えられています。

イ　包括的な報告

包括承認を得た取引については、一定程度包括的に報告することが認められています。この場合の報告の頻度としては、取引内容ごとに異なりますが、業務執行状況を取締役会に報告する頻度として規定される3か月に1回以上が1つの目安と考えられます。もっとも、報告頻度がそれより低い場合であっても、必ずしも不適法にはならないと考えられます。

なお、包括承認を受けた際と異なる事情が発生した場合には、包括的な報告ではなく、取締役会に遅滞なくその事実を報告すべきだと考えられます。また、そもそも承認時に開示された事実に大幅な変更があった場合には、報告のみでは足りず、包括承認の受け直しも必要になるため注意が必要です。

(4)　違反の効果

取締役会の承認を得ることなく競業取引・利益相反取引を行った場合には、取引の効力および取締役の責任に関して以下のような効果が生じます。

ア　取引の効力

(ア)　競業取引

取締役が行った競業取引は、取締役会の承認の有無にかかわらず有効です。これは、競業取引があくまで取締役と会社以外の第三者との取引であって、会社は当該取引の当事者ではないことから、仮に取締役会の承認を得ていない競業取引を無効とすると、規制対象ではない取引相手方が不利益を被ることになってしまうという不都合が生じるためです。

また、たとえ取引の相手方が、当該取引が取締役会の承認を得ていないことを知っていたとしても取引の効力に影響はないと考えられています。

(イ)　利益相反取引

　他方、利益相反取引については、承認を得ずに行われた場合には当該取引は無効になると考えられています。ただし、取引安全の観点から、会社が第三者に対して取引の無効を主張するには、当該第三者が悪意であることを会社において主張・立証する必要があります。ここでいう悪意とは、第三者が、①当該取引が利益相反取引に該当すること、および、②取締役会の承認を受けていないことを知っている場合をいいます。

　なお、直接取引の相手方である取締役に対しては、会社は常に取引の無効を主張できると考えられています。

　また、利益相反取引の規制が会社の利益を保護するためのものであることから、取引相手である取締役や間接取引の相手方から、会社に対して取引の無効を主張することは許されません。

イ　取締役の責任

　取締役の競業取引または利益相反取引により会社に損害が生じた場合には、取締役会の承認の有無にかかわらず、当該取引について任務懈怠のある取締役は会社に対して損害賠償責任を負うことになります（法 423 Ⅰ）。なお、当該取引が取締役会の承認を得ずになされたものである場合には、そのこと自体が当該取引を行った取締役の任務懈怠に該当します。また、利益相反取引により会社に損害が生じた場合には、取締役の任務懈怠の推定規定（法 423 Ⅲ）があります。さらに、自己のために会社と直接取引を行った取締役の責任については、無過失責任とされています（法 428 Ⅰ）。

　取締役会の承認を得ずに行われた競業取引については、当該取引によって取締役や第三者が得た利益の額が損害額と推定されます（法 423 Ⅱ）。競業取引により会社が被った損害額については、実際には立証が容易ではないことも多いため、立証の困難さを緩和するためにこのような規定が設けられています。他方、利益相反取引の場合には、

会社の損害の立証は競業取引の場合ほど困難ではないため、損害額の推定規定は設けられていません。

(5) 注意すべき場合

ア 取締役の兼任

実務上、グループ会社や合弁会社の場合などをはじめ、取締役が会社の事業の部類に属する取引を目的とする他社の取締役等を兼任することや、取締役が他社の取締役等を兼任している場合に会社が当該他社と取引を行うことはしばしばあります。このような場合に、競業取引・利益相反取引規制が及ぶかについて、以下で解説します。

(ア) 他社の取締役を兼任する場合

〔図表5-8：他社の取締役を兼任する場合〕

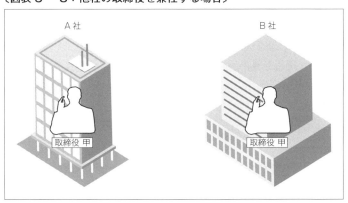

〔図表5-8〕のように、A社の取締役甲がB社の取締役を兼任している場合、単なる取締役は代表権を有しないことから、B社がA社の事業の部類に属する取引を行ったり、A社とB社との間で取引が行われたりしても、甲は第三者であるB社のために取引を行うことにはなりません。そのため、このような場合には、競業取引・利益

相反取引規制は及ばないということになります。

　(イ)　他社の代表取締役を兼任する場合

〔図表５－９：他社の代表取締役を兼任する場合〕

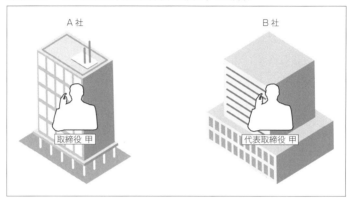

　この場合、Ａ社の取締役甲はＢ社の代表取締役であるためＢ社の代表権を有することになります。そして、甲がＢ社を代表して取引を行うときは、甲は第三者であるＢ社のために取引を行うことになるため、競業取引・利益相反取引規制が及び、Ａ社の取締役会の承認が必要となります。

　なお、このような状況で継続的に取引が行われる場合には、その度に会社の承認を得るのは煩雑で現実的ではないことから、包括的な承認を得ておくのが有用です。

㈦　上記㈦において、他社に複数の代表取締役がいる場合

〔図表5－10：他社に複数の代表取締役がいる場合〕

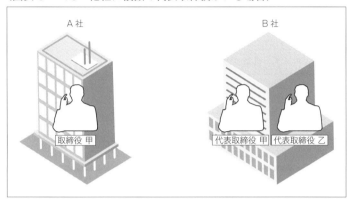

　まず、取締役甲がB社を代表して取引を行う場合には、競業取引・利益相反取引規制が及び、A社の取締役会の承認が必要となります。これは上記㈦と同様の結論です。

　次に、B社において、甲とは別の代表取締役乙がB社を代表して取引を行う場合には、理論上は、甲は取引においてB社を代表しないため、第三者のために取引を行うとはいえず、競業取引・利益相反取引規制は及ばないということになります。

　もっとも、代表取締役は会社の業務に関する一切の裁判上・裁判外の行為をなす包括的な権限を有しており、一般に会社における影響力が大きいことからすれば、B社を代表するのが甲ではないとしても、甲の代表者としての事実上の影響力によって、B社の利益を追求してA社の利益を犠牲にする危険性があります。また、このような場合に競業取引・利益相反取引規制が及ばないとすると、複数の代表取締役を選任すれば、容易に規制を回避することが可能になり、その意味からも妥当ではありません。

　そこで実務上は、甲がB社の代表取締役である場合には、甲がB

社の取引を代表しないとしても、A社の取締役会の承認を得ておくの
が望ましいでしょう。

　　(エ)　他社の株式等を保有している場合

〔図表5-11：他社の株式等を保有している場合〕

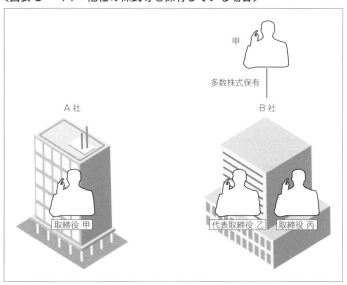

　取締役甲がB社の代表取締役や取締役に就任していなくても、B
社の株式を多数保有し、その経営を実質的に支配している場合には、
甲がB社の事実上の主宰者と認められることがあります。
　このような場合には、B社の取引につき競業取引・利益相反取引規
制が及ぶ可能性がありますので注意が必要です。

イ　代表取締役等を兼任する親子会社における取引
　親子会社における法356条1項の競業取引や利益相反取引の規制は、
あくまでも取締役に対する規制であるため、親子会社で代表取締役等

を兼任する場合に適用が考えられます。なお、事業報告等の記載が求められる親会社等との取引については、このような兼任関係は必要とされていません。親会社等との取引については本章**12**において詳述します。

① 完全親子会社の場合

　この場合、子会社には親会社以外の株主が存在しないことから、親会社と子会社は実質上利益対立のおそれがないことになります。

　そのため、このような場合には、競業取引・利益相反取引規制は及ばず、取締役会の承認を得る必要はないと考えられています。

② 完全親子会社ではない場合

　この場合、子会社には親会社以外の株主が存在することから、親会社と子会社の利益は必ずしも一致せず、利害が衝突する可能性があります。

　そのため、このような場合には、競業取引・利益相反取引規制が及び、取締役会の承認が必要となります。

(6) 監査役の留意点

　監査役は、競業取引や利益相反取引規制について必要な手続を経ているか確認することになりますが、その際、以下の点に留意することが望まれます。

① グループ戦略による取引について

　実務上、グループ戦略上の理由により、グループ会社で競業取引を行うことや親子会社間で利益相反取引が行われることがしばしばあります。このような場合、当該取引による損益だけに着目すると一方にとって不利益となる取引であっても、グループ全体の利益を考慮し中長期的な視点からすれば、不利益とはいえないということもありえます。そのため、グループ経営の一環として行われるこのような取引については、当該取引による損益だけでなく、実質的なグループ全体の利益を考慮することや中長期的な判断を考慮するこ

とも認められると考えられます。

② 事後報告についての確認

　競業取引・利益相反取引に関する事後報告は、取締役会の承認決議がなされた後に行われるものであることから、失念しやすい事項だといえます。特に、包括的報告の場合には1度だけではなく定期的な報告が求められるため、留意すべきです。

　監査役としては、取締役による事後報告が適切に履行されているかを確認することが重要です。また、包括承認を受けた際と異なる事情が発生した場合には、包括的な報告では足りず、個別報告が必要となることにも注意が必要です。

③ 取引金額が少額である場合の注意点

　競業取引や利益相反取引の規制は、たとえ取引金額が少額であったとしてもその適用が否定されることはありません。

　この点、規程上、取締役会決議を要する場合を取引内容ごとに一定額以上と定めている会社が多いことから、取引金額が少額の競業取引・利益相反取引について、取締役会の承認手続を失念する可能性も否定できません。監査役としては、このような場合にも取引の存在を把握し、必要な手続がとられているかを確認することが求められます。

　この点、競業取引については会社が取引を行うものではないため把握は難しいかもしれませんが、利益相反取引については会社が当事者になるため、各種決裁書類の確認で把握することが可能です。このように、取引金額が少額のものについては、場合によっては社長決裁や部長決裁等で取引が進められてしまう可能性も否定できないため、各種決裁書類、契約書の閲覧の際に、取締役会の承認を欠いているものがないかどうかを確認することが重要になります。

④ まとめ

　競業取引・利益相反取引については、実際には規制が及ぶか判断に迷うケースも多くあります。監査役としては、まず規制内容を正

しく理解することが出発点となりますが、監査役が規制内容を理解していても取締役や担当者との認識の相違により規制違反に陥ることもありえます。そのため、日頃から取締役・担当者間において規制内容の認識を共有し、会社において適用されうる場面を想定しておくことが重要になります。

10 M&A における留意点

(1) M&A の場面において求められる監査

M&A は、既存事業の拡大、新規事業への参入、グループ内再編、事業承継等のために行われますが、会社や株主にとって大きな利益をもたらしうる一方で、相応のリスクも伴うものであり、会社の経営に多大な影響を及ぼす重要な取引であるといえます。M&A が失敗した場合、会社は投資した財産を失うだけでなく、当初想定していなかった追加の運転資金、損失の補填、対象事業からの撤退にかかるコスト等で継続的な支出を要するおそれもあり、長期間にわたり重大な影響が生じる危険性があります。

そこで、監査役としては、このようなリスクを踏まえて M&A の内容や手続について慎重に監査し、必要に応じて意見を述べることが求められます。とりわけ、社外監査役には、経営陣の影響を受けない独立した立場から職務を行うことが期待されます。

(2) 経営判断の原則に留意した監査

上述のとおり、M&A は、成功すれば会社にとって大きな利益をもたらす反面、失敗した場合には相当の不利益を生じさせるおそれがあります。このような M&A に関する意思決定は、企業の収益面や事業計画等の将来予測に影響を及ぼす高度な経営上の判断であり、経営判

断の原則の適用の有無を意識すべき場面といえます。そのため、監査役としては、M&Aに関する判断が経営判断の原則に則っているか否かに留意して、監査を行う必要があります。

第3章**4**で述べたとおり、下級審裁判例によれば、経営判断の原則の内容は、①判断の前提となった事実認識に重要かつ不注意な誤りがなく、②意思決定の過程・内容が企業経営者として特に不合理・不適切なものといえない限り、当該取締役の行為は、善管注意義務違反ないしは忠実義務違反にはならないというものとされています。

この点、M&Aが会社に与える影響の大きさを考えれば、M&Aに関する意思決定は慎重に行われるべきだと考えられます。そこで、監査役としては、経営判断の原則を意識しながら、判断の前提としてその規模やリスクに応じた調査（デューディリジェンス等）により必要十分な情報を取得しているか、将来の収益予測等の資料が客観性・合理性を有しているか、当該M&Aに内在するリスクやそのリスクが発現した場合の損害額等について取締役会等で十分に議論をして意思決定がなされているかなどを検証する必要があります。また、監査役としては、M&Aに関し作成される契約書の内容についても問題がないかを確認することが望ましいといえます。

(3) 監査における具体的検討事項

上記(2)のとおり、M&Aについての監査は経営判断の原則に留意する必要がありますが、その際の具体的な検討事項としては、以下のようなものが考えられます。

① 目的の合理性・手法の相当性

M&Aの目的としては、既存事業の拡大や新規事業への参入、グループ内再編、事業承継などが考えられます。M&Aの目的の合理性について検討するにあたっては、それによって企業価値の向上を見込めるかという視点が重要になります。そのため、M&Aに際しては、当該M&Aの目的とされている事項について、企業価値の向

上という観点から合理性が認められるかを検討すべきだといえます。

　また、M&Aの手法としては、合併、会社分割、事業譲渡、株式譲渡、株式交換、株式移転、株式交付などが考えられます。M&Aにおいてどのような手法を用いるべきかは、M&Aの目的やその他の事情によって異なります。そのため、当該M&Aの目的に照らして、選択された手法が相当なものといえるかについても検討すべきだといえます。

② 　デューディリジェンスにより指摘された問題点への対応

　会社の規模やM&Aの内容等にもよりますが、M&Aを実施するにあたっては、ビジネス、財務、法務の観点から各専門家が対象会社等の実態を調査し問題点を抽出するデューディリジェンスというプロセスを経ることが多いといえます。デューディリジェンスの結果、財務内容に問題があったり、想定外の債務を発生させる事実や訴訟等の法的リスクが発見された場合には、それらがM&Aにおける契約条件や買収価額・比率の算定に影響を与えることがあり、それが重大な場合にはM&Aそのものを断念すべき事情となることもありえます。そのため、デューディリジェンスの結果は、M&Aについて検討する上で極めて重要な資料であり、監査役としてはそこで指摘された問題点についてどのような対応がなされているか、契約条件等に適切に反映されているかを確認する必要があります。

③ 　買収価額・比率とその決定プロセスの公正性

　比較的規模の大きいM&Aにおける買収価額・比率を決定する際には、契約の当事者から独立した第三者算定機関に算定を依頼することが多いといえます。そして、第三者算定機関の算定結果を踏まえた上で、契約当事者間で交渉を行い買収価額・比率を決定することになります。最終的な買収価額・比率についての交渉・合意は、経営判断に委ねられるところですが、監査役としては、実際の企業価値と乖離した不当な価額・比率となることのないよう、そのような価額・比率となった理由を確認し、買収価額・比率およびその決

定プロセスが公正なものといえるかを検討する必要があります。

④　その他

契約の相手方が自社の株式を一定割合以上保有している場合や、自社と相手方との間に役員の兼任が認められるなど、契約の相手方との間に特殊な関係がある場合には、経営陣や支配株主と一般株主との利害が対立することも考えられるため、M&Aの手続において一般株主の利益が害されないような配慮が必要となる場合があります。

例えば、東京証券取引所の有価証券上場規程441条の2においては、支配株主を有している上場会社が、支配株主と重要な取引等を行うことについての決定をする場合には、当該決定が当該上場会社の少数株主にとって不利益なものでないことに関し、当該支配株主との間に利害関係を有しない者による意見を入手する必要があるとされているため、このような場合に社外監査役が利害関係を有しない者として意見を表明することがあります。

また、上記の場合には該当しないと考えられる事案でも、一般株主の利益保護の観点から、会社が社外監査役に意見を求めることもあります。

11　MBO・支配株主による従属会社の買収における留意点

(1)　問題の所在

本章10では、M&Aにおける留意点を説明しましたが、その中でも特に、MBO（マネジメント・バイアウト）や支配株主による従属会社の買収に関しては、社外監査役として特別な対応が必要です。

MBOおよび支配株主による従属会社の買収については、以下に述べるような構造上の問題を背景として一般株主の利益が不当に害され

る事態が生じうることから、経済産業省は、まず MBO に関し「企業価値の向上及び公正な手続確保のための経営者による企業買収（MBO）に関する指針」（平成 19 年 9 月 4 日）を公表し、その後、支配株主による従属会社の買収も対象に加える形で 2019 年 6 月 28 日付「公正な M&A の在り方に関する指針——企業価値の向上と株主利益の確保に向けて」にて上記指針を改訂しました（以下、「公正な M&A の在り方に関する指針」といいます。）。

　公正な M&A の在り方に関する指針において、MBO とは現在の経営者が全部または一部の資金を出資し、事業の継続を前提として一般株主から対象会社の株式を取得することをいい、支配株主による従属会社の買収とは、従属会社の支配株主が一般株主から従属会社の株式全部を取得することをいうとされています。

　両取引は、対象会社の株式を事業内容に詳しい経営者等や支配株主に集中させることで、資本市場における短期的利益実現への期待や圧力から解放され、長期的思考に基づく柔軟な経営戦略や、大胆な事業構造改革を伴うビジネスモデルの再構築を実現しやすくなる等の経済的意義があります。

　他方で、両取引には構造的に、①利益相反の問題と、②情報の非対称性の問題が存在しています。

　すなわち、MBO において、株式の買い手である取締役は、買付価格を決めるにあたり、対象会社の役員という立場からは株主のためにできるだけ高い価格にすることが求められる一方で、買い手の立場としては価格を引き下げた方が自らの利益になるという利益相反関係が生じます。また、支配株主による従属会社の買収においては、株式の買い手である支配株主と売り手である一般株主との間に利益相反関係が生じるところ、支配株主が取締役派遣や株主総会での議決権の行使等による従属会社への影響力を有していることから、従属会社の取締役が支配株主に有利な内容にしたり、支配株主が一方的に有利な取引条件で進めてしまうおそれがあります（上記①の問題）。

そして、株式の買い手である取締役や支配株主は、対象会社について正確かつ豊富な情報を有している一方で、株式の売り手である一般株主は開示されている情報しか知ることができないことから、取締役や支配株主と一般株主とで有している情報に大きな差が存在することになります（上記②の問題）。

このように、両取引は一般株主の利益が不当に害されるおそれが大きい典型的な場面だといえ、一般株主の利益保護の観点から、独立性を有する社外役員が重要な役割を果たします。

⑵　公正な M&A の在り方に関する指針と社外監査役の役割

公正な M&A の在り方に関する指針は、⑴で述べたような MBO や支配株主による従属会社の買収の場面において、社外監査役としてどのような対応が求められるのかを把握する上で参考となります。

ア　公正な M&A の在り方に関する指針と特別委員会

公正な M&A の在り方に関する指針では、特に MBO と支配株主による従属会社の買収においては、公正な手続を通じた一般株主利益の確保を重要な原則としており、このような公正な手続を構成する実務上の具体的対応（公正性担保措置）が紹介されています。

そして、このような措置の基本的なものとして、特別委員会の設置を推奨しており、社外監査役がその構成員として期待される旨説明されています。

イ　特別委員会の意義

特別委員会は、買収者および当該 M&A の成否からの独立性を有する者で構成され、企業価値向上と一般株主の利益を図る立場から、取引条件の妥当性等について検討を行います。これにより、前述の構造的な利益相反の問題と情報の非対称性の問題に対応しつつ、一般株主にとってできる限り有利な条件が実現することを目指して合理的な努

力が行われる状況を確保します。

　また、当該 M&A における具体的状況に応じて、どのような公正性担保措置をどの程度講じるべきかの検討を行うことも期待されており、手続の公正性を確保する上での基点として位置付けられています。

ウ　特別委員会の候補者（社外監査役の役割）

　特別委員会は、構造的な利益相反の問題に対応するため、社外者で構成されることが望ましいとされており、具体的には、経営判断に直接関与することが本来的に予定された者であるなどの理由から、社外取締役が最適であるとされています。ただし、社外取締役の人数が十分ではない場合には、これを補完する存在として、社外監査役も適格性を有するとされています。

　したがって、MBO や支配株主による従属会社の買収が行われる際には、社外監査役が特別委員会の委員として選任される可能性もあります。その場合、前述のように、企業価値向上と一般株主の利益を図る立場から、取引条件の妥当性等や公正性担保措置に関する検討が求められることになります。

12　親会社等との取引

(1)　親会社等との取引についての情報開示

ア　情報開示に関する規定

　会社が親会社等との間で重要な取引を行った場合には、一定事項を事業報告に記載するとともに、監査役監査報告および監査役会監査報告にそれらの事項に対する意見を記載する必要があります。

　具体的には、会社とその親会社等との間の取引（会社と第三者との間の取引で会社とその親会社等との間の利益が相反するものを含む。）で

あって、会社の当該事業年度に係る個別注記表において関連当事者との取引に関する注記（会社計算規則112Ⅰ）を要するものがあるときは、以下の事項が事業報告の記載事項となります（法施行規則118⑤）。

> ① 当該取引をするにあたり会社の利益を害さないように留意した事項（当該事項がない場合にあっては、その旨）
> ② 当該取引が会社の利益を害さないかどうかについての取締役会の判断およびその理由
> ③ 社外取締役を置く会社において、②の判断が社外取締役の意見と異なる場合には、その意見

　これらの事項についての記載としては、例えば、親会社等との取引の対価の適正性や、親子会社間の取引につき市場価格で行うことを原則とする旨の契約の存在、親会社等との取引条件が他社との類似取引と同等の条件であること、独立した第三者同士の類似取引と同等の取引条件であることにつき第三者機関から確認を得ていることなどが考えられます。
　そして、これらの事項が事業報告の内容とされる場合には、当該事項についての意見が監査役（会）の監査報告の内容となります（法施行規則129Ⅰ⑥、130Ⅱ②）。
　親会社等との取引に関する監査報告の記載については、日本監査役協会が「監査役（会）監査報告のひな型」（2023年8月17日最終改定）において文例を公表しており、実務において参考となります。

> 〔日本監査役協会による監査報告文例〕
> 　事業報告に記載されている親会社等との取引について、当該取引をするに当たり当社の利益を害さないように留意した事項及び当該取引が当社の利益を害さないかどうかについての取締役会の判断及びその理由について、指摘すべき事項は認められません。

なお、「親会社等」には、親会社のほか会社の経営を支配している自然人なども含まれます（法2④の2、法施行規則3の2Ⅱ・Ⅲ）。また、法施行規則118条5号は、利益相反取引規制（法356Ⅰ②・③）を受けない完全親会社との間の取引についても適用されます。

イ　監査役の果たすべき役割

　上記アのように親会社等との取引に関する情報開示が定められている趣旨は、親会社等の支配力によって子会社に不利益な取引を強要されることがないように、子会社少数株主の保護の観点から、親会社等との取引を開示することを通じて取引の透明化を図るという点にあります。

　このような趣旨を踏まえて、子会社の監査役としては、子会社の少数株主の利益を保護するために、親会社等からその支配力を背景に自社にとって不利益な取引を迫られていないか注意する必要があります。また、親会社の監査役も、子会社との取引に関して、親会社の取締役等が子会社に対して通例とは異なるような取引を強要していないかを意識して監査を行うとよいでしょう。

　親会社等との取引に関する監査役の具体的な対応としては、日本監査役協会が公表している「監査役監査実施要領」（2023年5月22日最終改定）において以下のような項目が挙げられており、参考となります。

〔親会社等との取引に関する調査の手順〕
(1)　現状の把握と課題の抽出
　①　会社計算規則112条（関連当事者との取引に関する注記）の内容の確認
　②　親子間の該当する取引の把握体制の確認と実際に該当する取引の洗い出し
　③　親子間の取引に関する会社の対応方針、規程、ガイドライン等

の現状の把握

④ 親子間の取引に関する管理の現状（取引条件の決定方法等を含む）

⑤ 以上に関する課題の抽出

(2) 上記に関する見直しや改善等の検討

親子間の取引に関し、自社の利益を害さないようにするための方針や措置の策定等

(3) 取締役会への報告・承認体制の在り方の検討

① 親会社等との取引に関する方針、ガイドライン等の策定と承認の状況

② 取引類型ごとの包括的な判断等

(4) 監査役による取引内容の確認方法の検討

① 取引実行部門（営業、販売、調達部門等）からの報告体制および聴取

② 管理部門（経理、内部統制、内部監査等）からの報告体制および聴取

(5) 親会社監査役等との意見交換

① 親会社の子会社管理規程等について

② 親会社による子会社との取引方針等について

③ 親子間取引の状況について

(6) 該当取引に関し、会社の利益を害しないかどうかについての取締役（会）の判断と理由の形成の状況の確認

「取引をするに当たり会社の利益を害さないように留意した事項」とは、第三者との取引と同様の取引条件であることの確認、独立した第三者間の類似の取引と同等の取引条件であることの確認、独立した第三者機関（公正取引推進団体等）から取引条件が適正であることの確認を得る等であり、これらを適切に実施して取締役（会）が判断しているか監査役は確認する。

監査役は必要に応じて、取締役会において意見を述べる。

(7) 該当する取引についての関連当事者取引に関する注記並びに事業報告またはその附属明細書への記載状況の確認

(8) 監査報告において意見表明

(2) 証券取引所規則等の内容

　支配株主との取引については証券取引所規則等にも規定が設けられています。そのため、監査役としてはこの点についても留意する必要があります。

ア　取引決定時の意見入手および適時開示

　東京証券取引所の有価証券上場規程においては、支配株主を有している上場会社が、支配株主と重要な取引等を行うことについての決定をする場合には、当該決定が当該上場会社の少数株主にとって不利益なものでないことに関し、当該支配株主との間に利害関係を有しない者による意見の入手を行うこと、および、必要かつ十分な適時開示を行うことが義務付けられています（東京証券取引所有価証券上場規程441の2）。

　この点、社外監査役は、支配株主との間に利害関係を有しない場合には、支配株主との取引に関する決定が少数株主にとって不利益なものでないことに関する意見を述べることを求められることがあります。この場合には、意見を述べる前提として、意見を述べるために必要な判断材料が十分に提供されているかを確認し、必要に応じて追加の資料等を求めるという対応が考えられます。

　また、会社が第三者委員会を設置して、当該委員会に意見を求めるという対応をとる場合には、監査役としては、当該委員会の独立性について確認・検討を行う必要があると考えられます。

イ　コーポレートガバナンス・コード

　コーポレートガバナンス・コード〔原則1－7〕では、主要株主等との取引（関連当事者間の取引）を行う場合には、そうした取引が会社や株主共同の利益を害することのないよう、また、そうした懸念を惹起することのないよう、取締役会は、あらかじめ取引の重要性やそ

の性質に応じた適切な手続を定めてその枠組みを開示するとともに、その手続を踏まえた監視（取引の承認を含む。）を行うべきであると定められています。

また、〔原則 4 - 3〕〔原則 4 - 7 ⅲ〕では、取締役会や独立社外取締役の役割・責務として、会社と支配株主等との間の利益相反を適切に管理・監督すべき旨が定められています。

〔補充原則 4 - 8 ③〕では、支配株主を有する上場会社は、取締役会において支配株主からの独立性を有する独立社外取締役を少なくとも 3 分の 1 以上（プライム市場上場会社においては過半数）選任するか、または支配株主と少数株主との利益が相反する重要な取引・行為について審議・検討を行う、独立社外取締役を含む独立性を有する者で構成された特別委員会を設置すべきとされています。

監査役としては、このようなコーポレートガバナンス・コードの定めも踏まえて、取締役らが適切に職務を行っているかを監査することが求められます。

13　敵対的買収防衛策

⑴　敵対的買収防衛策についての情報開示

会社が敵対的買収防衛策について、会社の財務および事業の方針の決定を支配する者の在り方に関する基本方針（以下、「基本方針」といいます。）を定めているときは、以下の事項が事業報告に記載されることになります（法施行規則 118 ③）。

① 基本方針の内容の概要
② 次に掲げる取組みの具体的な内容の概要
　⑴ 会社の財産の有効な活用、適切な企業集団の形成その他の基

本方針の実現に資する特別な取組み

　　(2)　基本方針に照らして不適切な者によって会社の財務および事
　　　　業の方針の決定か支配されることを防止するための取組み

③　②の取組みの次に掲げる要件への該当性に関する取締役会の判断
　　およびその理由（当該理由が社外役員の存否に関する事項のみである
　　場合における当該事項を除く。）

　　(1)　当該取組みが基本方針に沿うものであること。

　　(2)　当該取組みが株主の共同の利益を損なうものではないこと。

　　(3)　当該取組みが会社役員の地位の維持を目的とするものではな
　　　　いこと。

　そして、上記事項が事業報告の内容とされる場合には、当該事項に
ついての意見が監査役（会）の監査報告の内容となります（法施行規
則129Ⅰ⑥、130Ⅱ②）。

　上記の基本方針に関する監査報告の記載については、日本監査役協
会が「監査役（会）監査報告のひな型」（2023年8月17日最終改定）に
おいて文例を公表しており、実務において参考となります。

〔日本監査役協会による監査報告文例〕

　事業報告に記載されている会社の財務及び事業の方針の決定を支配
する者の在り方に関する基本方針については、指摘すべき事項は認め
られません。事業報告に記載されている会社法施行規則第118条第3
号ロの各取組みは、当該基本方針に沿ったものであり、当社の株主共
同の利益を損なうものではなく、かつ、当社の会社役員の地位の維持
を目的とするものではないと認めます。

　また、上場会社が買収防衛策を導入する場合には、開示の十分性、
透明性、流通市場への影響、株主の権利の尊重を遵守するものとされ
ています（東京証券取引所有価証券上場規程440）。

(2) 監査役の果たすべき役割

　敵対的買収防衛策は、会社の企業価値ひいては株主共同の利益を確保し、向上させる目的であることが求められます。このような目的に反して、経営陣の保身を図ることを目的として敵対的買収防衛策が利用されることは許されません。

　そこで監査役は、敵対的買収防衛策が、経営陣の保身目的ではなく、企業価値を損なうことを防止し株主共同の利益を守ることを目的として導入・運用されるものであるかを検証しなければなりません。この点に関し、コーポレートガバナンス・コード〔原則1－5〕においても以下のような原則が示されています。

〔いわゆる買収防衛策〕

　買収防衛の効果をもたらすことを企図してとられる方策は、経営陣・取締役会の保身を目的とするものであってはならない。その導入・運用については、取締役会・監査役は、株主に対する受託者責任を全うする観点から、その必要性・合理性をしっかりと検討し、適正な手続を確保するとともに、株主に十分な説明を行うべきである。

　また、買収防衛策に関しては、経済産業省・法務省により平成17年5月27日に公表された「企業価値・株主共同の利益の確保又は向上のための買収防衛策に関する指針」や、経済産業省に設置された企業価値研究会により平成20年6月30日に公表された「近時の諸環境の変化を踏まえた買収防衛策の在り方」と題する報告書があります。監査役はこれらを踏まえ、敵対的買収防衛策の内容や導入手続等を検証する必要があります。

第 **6** 章
内部監査部門・会計監査人・社外取締役との連携

1 内部監査部門との連携

(1) 連携の必要性

　内部監査部門は、一般的に、会社の経営目標の実現に寄与すること
を目的として、被監査部門から独立した立場で、業務執行状況や内部
統制システムの適切性、有効性、合理性等を検証・評価し、これに基
づいて経営陣に対して助言・勧告等を行う部門です。

　内部監査部門の役割は、主として経営陣から指示を受けて社内の業
務プロセスが定められたルールどおりに適切に行われているかを調査
し、それを経営陣に報告することにあり、取締役の職務の執行を監査
する監査役とは役割を異にするものといえます。

　監査役と内部監査部門とは、立場や目的は異なりますが、内部監査
部門は監査業務を通じて、会社の業務の効率性、適法性および内部統
制システムの整備・運用に関する情報を有しており、これらの情報は
監査役が業務を行う上で重要なものであることから、監査役としては、
監査の実効性を高めるために内部監査部門との連携や情報交換が重要
となります。この点、監査役監査基準38条やコーポレートガバナン
ス・コード〔補充原則4 – 13③〕においても、監査役が、監査業務を
行うにあたって、内部監査部門と連携をすべき旨が定められています。
このように、監査役は内部監査部門と連携して職務を執行することが
求められているといえます。

(2) 連携の方法

　監査役と内部監査部門との連携については、コーポレートガバナン
ス・コード〔補充原則4 – 13③〕において、内部監査部門が監査役会
に対して適切に直接報告を行う仕組みを構築することが例示されてい
ます。

この報告の仕組みやその他の連携の具体例としては、以下のような
ものが考えられます。

- ・　内部監査部門から定期的に監査計画や監査結果の報告を受け、必
要に応じて調査を求める。
- ・　内部監査部門が不正や違法行為等を発見した場合、経営陣だけで
なく監査役にも報告を行う。
- ・　監査役の実地調査に際し、内部監査部門による監査結果を確認し、
監査項目の参考にする。
- ・　内部監査部門が主催する会議に積極的に参加する。

　なお、実際には、内部監査部門との協議や日常監査の実施は、常勤
監査役に委ねることも多いと思われます。そのため、社外監査役とし
ては、経営陣から独立した立場から取締役らの職務執行に問題がない
かを監査するという役割を果たすために、常勤監査役と情報共有を行
い重要な情報を入手できるようにしておく必要があります。

2　会計監査人との連携

(1)　連携の必要性

　会計監査人設置会社では、まず会計監査人が会計の専門家という立
場から計算関係書類について監査を行い、監査役は会計監査人の監査
の方法・結果が相当であるかを判断します。そして、会計監査人の監
査の方法・結果の相当性を判断するために、監査役は会計監査人から
必要かつ十分な情報提供と説明を受ける必要があります。そのため、
会計監査人との連携は、監査役が会計監査を行う上で必要不可欠なも
のといえます。また、監査役は必ずしも会計に関する専門的知識を有

しているわけではないため、会計監査の場面では会計の専門家である会計監査人と緊密に連携することで、監査の実効性・効率性を高めることが期待されます。

　会社法上も、監査役は、会計監査人に対し報告を求める権限を有しており（法397Ⅱ）、他方で会計監査人は監査役に対し報告義務を負っていることから（法397Ⅰ）、監査役と会計監査人が連携して監査業務を行うことを会社法も予定していると考えられます。また、コーポレートガバナンス・コード〔補充原則3－2②(ⅲ)〕においても、会計監査人との十分な連携を確保すべき旨が定められています。

　金商法上の監査人の監査報告書に記載が義務付けられた「監査上の主要な検討事項」（KAM）についても、監査役等と協議した事項の中から、監査人が職業的専門家として特に重要であると判断した事項をKAMとして決定することとされているため、監査役と監査人との連携が前提とされています。

　このように、監査役と会計監査人とが連携することは、それぞれが担う監査の実効性を確保し、有効性および効率性を高めることにつながり、企業活動の健全化に資するものですので、非常に重要なものだといえます。

(2)　連携の方法

　監査役と会計監査人の連携方法としては、監査計画・レビュー・監査報告等の説明時の会合のほか、口頭または書面による情報交換や、会計監査人の監査現場への立会いなどが考えられます。連携の具体的な方法や、その時期、頻度等については、監査役と会計監査人とで十分な連携の効果が得られるように協議して決定するのがよいでしょう。

　監査役と会計監査人との連携については、監査役監査基準48条や日本監査役協会が公表している「会計監査人との連携に関する実務指針」（2021年7月30日最終改定）等で定められています。また、同じく日本監査役協会が公表している「監査役監査実施要領」（2023年5

月22日最終改定）では、上記の監査基準や指針を踏まえて、会計監査人との連携の時期および情報・意見交換すべき事項が詳細に記載されていますので、参考にするとよいでしょう。

　なお、社外監査役は常勤の社内監査役と比較して会計監査人と交流する機会が少ないのが通常ですが、会合などの情報交換の場には社外監査役も積極的に参加するのが望ましいといえます。

3 　社外取締役との連携

(1) 　連携の必要性

　監査役と社外取締役は、立場の違いはあるものの、ともに経営に対する監査・監督を期待されていることから、その役割は多くの部分で共通しています。特に社外監査役は、同じ社外役員として経営陣から独立した立場で職務を遂行することが期待されている点で、社外取締役と通じる部分が多いといえます。

　他方で、監査役と社外取締役では、社内の情報の取得方法や取得できる情報量が異なる場合が多いと考えられます。社外取締役は、主に社外取締役の職務をサポートする執行側の部署から情報を取得することが多いと思われます。これに対し、監査役は、常勤監査役を有し、会社法上様々な調査権限等を与えられており、会社によってはスタッフも充実しているため、社外取締役よりも情報入手が容易な環境であることが多いといえます。そのため、一般的には社外取締役よりも監査役の方が情報に接する機会が多いと考えられます。

　このように、監査役と社外取締役は、多くの役割が共通しており、情報取得方法や保有している情報量が異なりうることから、監査・監督機能を相互に高めるために、連携することが重要だといえます。この点、監査役監査基準17条やコーポレートガバナンス・コード〔補

充原則 4 − 4 ①〔補充原則 4 − 8 ①・②〕において、監査役（社外監査役を含む。）と社外取締役が連携を図るべき旨が定められています。

また、経済産業省が公表した 2020 年 7 月 31 日付「社外取締役の在り方に関する実務指針（社外取締役ガイドライン）」（以下、「社外取締役ガイドライン」といいます。）2.3.4 においても、監査役から社外取締役に対して、直近のリスク情報や内部通報に関する分析等、監査役が有する様々なリスク情報を報告し共有するような仕組みを作ることが有意義とされています。

(2)　連携の方法

監査役と社外取締役との連携の方法については、特段の決まりはありません。

この点、コーポレートガバナンス・コード〔補充原則 4 − 8 ①〕において、独立社外者のみを構成員とする会合を定期的に開催することや、〔補充原則 4 − 8 ②〕において、監査役や監査役会との連携に係る体制整備として、互選による「筆頭独立社外取締役」の決定などを例として挙げています。また、社外取締役ガイドライン 5.1 においても、社外役員のみでの議論の場を設けることが示されており、その開催タイミングとして、①取締役会の事前に開催する場合、②取締役会の終了後に開催する場合、③取締役会とは関係なく不定期に開催する場合が考えられること、この議論の場に社内監査役が参加することも有用であることが紹介されています。

監査役と社外取締役との連携方法としては、上記に加え、他社の事例も非常に参考になります。具体的な他社事例としては、経済産業省のコーポレート・ガバナンス・システムの在り方に関する研究会が取りまとめ公表している平成 27 年 7 月 24 日付「コーポレート・ガバナンスの実践──企業価値向上に向けたインセンティブと改革」の別紙 1「我が国企業のプラクティス集」で以下のような具体例が挙げられています。

〔社外取締役と監査役の連携〕

71　年に1回程度，監査役会の後に監査役と社外取締役が意見交換を
　　行う場を設けて連携を図っている。

72．監査役スタッフから取締役会事務局に情報共有することにより、
　　各取締役に情報が共有されるようにしている。

73．監査役の事務局である監査役室のスタッフが動いて社外監査役と
　　社外取締役をつないでいる。

74．社外取締役と監査役の情報共有のための会議はなく、特に必要だ
　　という議論もない。必要な情報は取締役会で共有され、オープンに
　　なっている。

75．監査役と個々の取締役等が年1回対話する機会を設けており、監
　　査役は、会長、社長、部門担当役員、海外子会社のCEOのほか、
　　社外取締役と対話している。それぞれの取締役等と個別に対話して
　　いるので、毎月1名とは面談しているイメージ。

76．社外取締役と社外監査役と意見交換を行っており、調査の必要が
　　ある場合には、調査権のある社外監査役に調査を依頼することがあ
　　り、その結果、問題が発覚し、解決した例もある。

　また、社外取締役ガイドラインの「（参考資料1）社外取締役の声」
も、非常に参考になります。

　なお、取締役会前後に社外役員が待機する部屋などにおいて、その
場の雑談の中で意見交換となる場合も多くあります。このように、社
外監査役を含む監査役と社外取締役との交流や意見交換については、
常に改まった場面で行われる必要はなく、雑談の場、会食の場などで
あっても十分な効果を上げることが可能です。

第 7 章

不祥事が判明した際の留意点

1　有事の際の対応

　不祥事またはその疑いを察知した場合、会社は早期に事実関係や原因究明の調査を行い再発防止に努める必要があります。しかしながら、社内の役職員だけでは、それまでの人間関係等から対応が十分になされない可能性もあります。また、社内の役職員自らが不祥事に関与している場合には適切な対応が期待できません。

　そのため、このような有事の際においては、独立した立場にある監査役、特に社外監査役の役割が期待されます。

(1)　有事の対応のポイント

ア　迅速な対応

　監査役が不祥事に関する情報を取得した場合には、定時の取締役会・監査役会を待たず、まずは全監査役に情報提供をしなければなりません。有事の際には、その対応のスピードが非常に重要であり、定時の取締役会・監査役会での対応では遅すぎる場合があります。したがって、各方面での情報収集を行いつつ、臨時の監査役会の開催を検討する必要があります。

　平時の監査では、監査役会が開催されるのは月1、2回であることが多いですが、大きな不祥事が発生した場合には、社外監査役も含めて、毎週集合したり、実際に集まるのが難しいときでも頻繁に連絡を取り合い協議を行うケースもあります。

　有事の際には、とにかく早期にどこまで対応できるかが重要となります。不祥事発生の際には時間を惜しまないようにしなければなりません。

イ　早期の調査

不祥事が発覚した場合、すでに報道されている不祥事であれば早期

の原因究明と再発防止策の提示によって、ステークホルダーの信頼回復に努める必要があります。報道前であっても、会社自ら迅速な調査・対応・公表を行うことで、自浄作用が働いたことを社外に示すことができるため、同様に早期対応が望まれます。

上場会社の不祥事においては、このような早期の信頼回復の必要性や決算スケジュールの関係から、極めてタイトな日程で調査を完了させる必要があります。実務的には、相当程度複雑な事案であったとしても、調査開始から2、3か月以内で報告書を提出するようなケースも多いと思われます。

監査役としては、まずは取締役が早期に適切な調査を行っているかを確認します。必要に応じて監査役が調査を行うことも可能です。事案の重要度に応じて、社内調査委員会や第三者委員会の設置の提言などを行うことも検討すべきでしょう。

また、取締役が不祥事に関与したことが疑われ真実が明らかでない場合や取締役らが調査する側と調査される側とで二分されるなど内紛的な様相を呈している場合には、取締役側での適切な調査が進展しないことが想定されます。このような場合には、監査役の積極的な対応が必要となるでしょう。

ウ　調査体制の検討

企業不祥事が発生した場合、まずは調査により事実関係の確認と原因究明を行う必要があります。

調査体制としては、①社内のメンバーのみで行う社内調査、②①に外部の有識者を加えるケース、③企業から独立した委員のみで構成される第三者委員会の大きく3つに分けられます。

第三者委員会とは、企業等から独立した委員のみをもって構成され、不祥事について徹底した調査を実施した上で、専門家としての知見と経験に基づいて原因を分析し、必要に応じて具体的な再発防止策等を提言する委員会です。第三者委員会に関して、法的な根拠や規制は特

にありません。第三者委員会については、日本弁護士連合会が策定した「企業等不祥事における第三者委員会ガイドライン」（2010 年 12 月 17 日改訂）があり、多くの場合このガイドラインに準拠しています。このような仕組みの趣旨は、大きな不祥事が発生した場合、その経営者から独立した利害関係のない者が調査・報告を行い、さらに具体的な再発防止策等を提示することで、不祥事対応についての信頼性を向上させるというところにあります。

　上記①から③のうち、どのような調査体制を選択するかについては、その不祥事の会社に与える影響度や状況によって異なり、必ずしも全ての不祥事で第三者委員会が必要とされるわけではありません。実務的には、以下のような場合には、会社が社内調査を行っても信頼を回復できないおそれがあるため、第三者委員会を設置するケースが多いといえます。

> ・　不祥事に役員が関与している事案など、社内調査の実効性が確保できない場合
> ・　長年にわたる不祥事で、関係者が多数にのぼり社内に構造的な問題が存在している場合
> ・　矛盾する説明を繰り返すなど初動対応を誤り、社会からの信頼が破壊されてしまったような場合

　また、第三者委員会を設置するとしても、そのメンバーの選定は極めて重要です。その選定や過程に問題があれば、せっかく第三者委員会を設置したとしても、真に客観的かつ独立した意見を得られたか疑問が残るおそれがあります。このような問題を回避するために、調査委員会のメンバーに社外監査役が就任したり、メンバーの選定において社外監査役が主体的に関与することも考えられます。

エ　公表の検討

不祥事については、開示義務があるものについては適切に開示・公表を行うことになり、開示義務がない場合でも自主的に公表するか否かの検討を行う必要があります。

公表を行うか否かについては、不祥事の重大性、被害拡大の可能性、投資家の保護等の観点から検討を行うことになります。

重大な不祥事については、自主的に公表したかどうかで、その後の会社に対する信頼への影響度が大きく異なります。自主的な公表ではなく、告発等で事後的に発覚した場合には、不祥事を隠蔽したと疑われるおそれもあり、会社が致命的なダメージを受けることがあります。

この点、前述のダスキン事件判決〔大阪高判平成 18 年 6 月 9 日判タ1214 号 115 頁〕（第 2 章 **3**(2)**オ**参照）の影響もあり、不祥事が発生した場合、公表を検討しないと責任を負うケースがありうるという意識ももたれるようになりました。

これらのことから、特に、問題が人の生命・身体に関わるような場合については、公表を検討する必要性が高いといえます。些末な問題を網羅的に公表する義務まではないと思いますが、比較的大きな問題点については、公表するかどうかの検討は必要となるでしょう。

また、公表について判断に迷う際には、弁護士等の意見を得ることも検討するとよいでしょう。

オ　再発防止策の検討

不祥事が生じた場合、何らかの再発防止策が策定されることになりますが、監査役としては、取締役が検討した再発防止策について不十分な点があれば意見を述べる必要があります。

また、第三者委員会が設置された場合にも、再発防止策が提案されることになりますが、それをそのまま受け入れるのか、自社にあわせた形で修正するのか、それより厳しい再発防止策にするのかといった点についても検討が必要です。

カ　事後の対応

㋐　役員に対する責任追及の検討

　役員が不祥事に関与したことが疑われる場合、会社として役員に対する責任追及を行うかを検討しなければなりません。特に取締役に対する責任追及は、監査役が会社を代表することになるため、監査役は法律上の責務として積極的な立場での検討を求められます。

　この点につき、社内の役員等は、それまでの経緯や人間関係等により客観的に検討できない可能性があります。そのため、特に社外監査役には、取締役の責任追及について公平・客観的に判断することが期待され、株主目線からの厳格な対応が求められます。

　監査役において取締役に対する責任追及を行わない方針をとった場合には、後日、株主からの提訴請求が行われた場合の対応についても検討しておくことが望ましいでしょう（提訴請求の詳細については、下記**2**(1)**イ**参照）。株主から提訴請求を受けた場合には、会社が60日以内に提訴しなければ、株主において株主代表訴訟を提起することができるようになるため、監査役はその期間内に提訴すべきか否かを判断する必要があります。また、提訴しない場合には、株主等から請求があれば、遅滞なく書面等で不提訴理由通知を行う必要があります。

　以上のように、株主から提訴請求を受けた場合には、監査役は相当程度タイトなスケジュールでの対応を迫られることに注意が必要です。さらに、提訴すべきか否かの判断において、監査役が善管注意義務違反を問われる可能性もあります（下記**2**(2)**イ**参照）。したがって、提訴判断の検討も十分に行う必要があり、可能であれば、弁護士の意見を得ておく方が望ましいでしょう。

㋑　再発防止策の運用のチェック

　上記**オ**で記載したように、不祥事が発生した場合、再発防止策が検討されることが通常です。当然のことながら、再発防止策は策定するだけではなく、その後遵守しているかどうかが非常に重要となります。

不祥事発生から数年が経過すると、その意識がどうしても薄れてきますので、監査役としては、再発防止策の運用状況を定期的に監視・検証することが必要です。

キ　監査役の積極的な対応が必要となる場合の留意点

(ア)　中立性・独立性の維持

取締役が関与した不祥事が疑われる場合、監査役としては、取締役との距離感を保つことが非常に重要です。

これまで信頼関係を築いた取締役であったとしても、監査役の職務として厳格に対応する必要があります。特に社内出身の常勤監査役は、調査対象の取締役に情が入ることもあるでしょう。このような場合には、社外監査役に独立した客観的な立場で意見を述べ、毅然とした対応をすることが求められます。

また、取締役の中でも調査する側とされる側に二分され、それが内紛的な背景を契機としている場合には、特に慎重な対応が必要となります。このような内紛的な様相を呈したときには、双方の側から監査役に背景事情も含め不祥事や不正の情報が入ることもありえます。このように、どちらの言い分が真実か分からないという状況においては、中立性・独立性を維持し、双方ともに距離感を保つように対応しなければなりません。また、上記のような場面では、監査役としてどのような対応をとればよいか判断に迷うことも少なくありません。そのような場合、会社外の専門家に相談することも有効ですので、これに備え、会社（取締役側）の顧問弁護士とは別に、監査役が相談できる弁護士を確保しておくとよいでしょう。

(イ)　取締役会への報告

仮に、不祥事に関する報告を単独の取締役にのみ行っていた場合、当該取締役が不祥事に関与していたときには、調査等の進展は期待できません。悪くすれば、当該取締役による証拠隠滅のおそれもありま

す。

　そこで、重大な不祥事に関する事項は取締役会に報告するように心掛ける必要があります。

　法382条でも、監査役は取締役の不正行為等を認めたときは、取締役会へ報告しなければならないことが規定されています。

㈡　監査役による調査の制約

① 取締役・従業員の協力が得られないケース

　不祥事の調査を進めるにあたり、取締役や従業員から協力を得られるかどうかは非常に重要ですが、このような協力は取締役が積極的に調査を行っていない場合には期待できないこともあります。

　特に不祥事に関与したことが疑われる取締役や従業員がその事実を否定しているような場合には、当該取締役や従業員に調査の協力は期待できないことが一般的です。

　また、不祥事に関与していない取締役・従業員であっても、特に内紛的なケースにおいては、自らの言動に対する今後の処遇を危惧するのが通常であることから、調査への協力に消極的になる場合もありえます。

② 時間的制約

　前述のように、上場会社の不祥事の場合、極めてタイトな日程で調査を完了させる必要があります。

　また、調査に時間をかけた場合、証拠の散逸や悪質なケースでは証拠隠滅が行われる可能性も否定できません。この場合、調査を行うことが困難となり、会社の損害が拡大するという事態も想定されます。

　大きな不祥事の場合、監査役のみの調査では質的にも時間的にも限界があります。できるだけ早期に外部の専門家等を交えた調査委員会や、第三者委員会等の設置の検討を行うことが望ましいでしょう。なお、取締役側で第三者委員会設置を期待できないような場合

には、監査役会が独自に第三者委員会の設置を検討する必要があります。

ク　上場会社における不祥事対応のプリンシプル

　日本取引所自主規制法人により 2016 年 2 月 24 日に公表された「上場会社における不祥事対応のプリンシプル」では、不祥事に直面した上場会社に強く期待される対応や行動に関する原則（プリンシプル）が示されています。

　具体的には、①不祥事の根本的な原因の解明、②第三者委員会を設置する場合における独立性・中立性・専門性の確保、③実効性の高い再発防止策の策定と迅速な実行、④迅速かつ的確な情報開示、という4 つの項目からなっています。

　このプリンシプルに法的な拘束性がないことは、同法人が明示しているところです。しかし、上場会社にとって同法人は強い影響力を持つ存在であり、上場会社における不祥事対応ではこのプリンシプルについても重視する必要があるでしょう。

　また、これに関連し、日本取引所自主規制法人は、2018 年 3 月 30日に「上場会社における不祥事予防のプリンシプル」を公表しています。これは不祥事が発生する前の事前対応としての不祥事予防の取組みに資するための原則を示したもので、平時の対応として参考になります。

(2)　有事と見極めるポイント

　(1)で説明したように、監査役は、有事の際には平時の監査とは異なる対応が必要になります。有事対応が必要な際に、平時の監査活動のみ行っていたのでは、任務懈怠ともなりかねません。したがって、現状が有事であるとの見極めが非常に重要となります。

　ただし、この有事であることの見極めは、実際には困難を伴うケースも多いです。不祥事が明白な事案の場合には粛々と対応すればよい

のですが、実際には不祥事は隠されていることも多く、その端緒においては不祥事かどうか明らかではなく、小さな疑問・違和感がある点につき、次第に不祥事の疑いが濃厚になり、有事に移行することも相当程度あると思われます。

そこで、有事であることを見極めるポイントについて説明します。

ア　小さな疑問・違和感を放置しない

例えば、契約書の内容や決済手順が通常とは異なる場合、平時の監査において監査役が小さな疑問・違和感を持つことがあると思います。このような場合に、それだけではなかなか有事とはなりませんが、有事の見極めという観点からは、このような小さな疑問・違和感を放置しないことが重要です。

小さな疑問・違和感は、平時の監査においても大なり小なり存在し、通常はそれが大きな問題に発展することは少ないのですが、その中に不祥事の兆候が含まれている可能性もあります。その当時には有事とまではならなかったとしても、その他の状況とあいまって、有事となることもあるのです。

したがって、疑問・違和感に対して担当者から一応納得できる回答を得たとしても、継続的に経過を監視することも怠らないようにしましょう。

イ　情報を知った経緯にも留意する

有事との見極めにおいては、その情報を知った経緯にも留意するようにしましょう。

取締役会の資料で疑問をもったのか、常勤監査役から情報を入手したのか、内部通報のような形で社外監査役に直接情報が入ったのかなど、不祥事に関する情報がどのように得られたのかによって、その問題の深刻度や緊急性が一定程度推測できます。

日常的に、社内の環境・企業風土・人間関係につき常勤監査役との

雑談等の中で情報を得ておくと、有事の際の判断にも役立ちます。

ウ　他社の不祥事事例を参考にすること

　他社の不祥事事例は、当該問題についての具体的対応やそれに対する判決等の評価の点で大変参考になります。どのような状況でどのような対応を行っていれば善管注意義務を全うしたことになるのか、大きな不祥事の前にはどのような兆候が生じているのかなどについて、他社の不祥事事例から学ぶことが可能です。

　ただし、不祥事対応として求められるレベルは年々高度化していることを理解する必要があります。株主代表訴訟等の判決では不祥事発生当時の判断基準で評価していますが、訴訟提起から判決が出るまでには数年を要することが通例であり、不祥事発生時からすると相当程度の年数が経過しています。したがって、現在もその事例の対応で問題がないかについては別途検討しなければなりません。

エ　外部専門家の活用

　何らかの問題が生じている場合に、現在が有事かどうか判断に迷うケースは少なくありません。その場合には、外部の弁護士等の専門家に積極的に意見を求めるとよいでしょう。なお、有事の兆候がある場合には、会社の顧問弁護士は完全に独立した立場を維持できるか疑問が残るため、活用できないと考えておいた方が無難です。そのような場合に備え、監査役が相談できる弁護士を確保しておくことも有効です。

⑴ 株主代表訴訟とは

ア 制度趣旨

　取締役等の会社役員が、会社に対し任務懈怠による損害賠償責任等を負う場合、当該役員に対し責任追及等をするかどうかを決定するのは、会社の他の役員です。そうすると、役員間の馴れ合い等により、会社が適切に責任追及等を行わない可能性があり、そのような事態が生じれば、会社ひいては株主に損害が生じることになります。そこで、このような事態を防ぐために、会社に代わって株主が役員に対し責任追及等を行う訴訟を提起することが認められています（法847）。このような訴訟を株主代表訴訟といいます（〔図表7−1〕参照）。

イ 手続

㋐ 提訴請求

　株主はいきなり株主代表訴訟を提起するのではなく、まずは会社に対し、会社自らが責任追及等をするよう請求します。すなわち、6か月前（定款による短縮可）から引き続き株式を有する株主は、会社に対し、役員等に対する責任追及等の訴えの提起を請求することができます（提訴請求。法847Ⅰ）。

　責任追及等の相手方が取締役の場合、監査役が会社を代表してこの提訴請求を受けることになります（法386Ⅱ①）。これは、会社が取締役に対し訴えを提起する場合には、監査役が会社を代表することとされており（法386Ⅰ①。第2章**2**⑸参照）、訴訟を提起するかどうかを決定する権限も監査役が有しているからです。

　要するに、取締役の責任追及等につき提訴請求がなされる場合には、監査役が、①提訴請求の受領、②責任追及等の訴えを提起するか否か

〔図表 7 − 1：株主代表訴訟〕

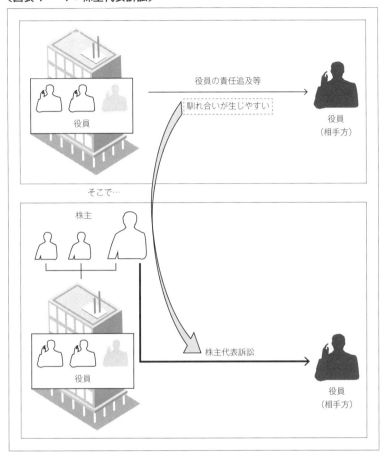

の判断、③会社自身が責任追及等の訴えを提起する場合の訴訟遂行、という一連の役割を担うのです。

　なお、株主は、会社に回復することができない損害が生ずるおそれがある場合には、会社に対する提訴請求を経ずに直ちに責任追及等の訴えを提起することができます（法847Ⅴ）。また、逆に、責任追及等の訴えが、当該株主や第三者の不正な利益を図ったり、会社に損害を加えることを目的とする場合には、株主は提訴請求をすることも、

株主代表訴訟を提起することもできません（法847 Ⅰただし書・Ⅴただし書）。

(イ)　株主代表訴訟の提起

　株主が提訴請求をした日から60日以内に、会社が責任追及等の訴えを提起しない場合には、当該提訴請求をした株主は会社のために責任追及等の訴えを提起することができます（株主代表訴訟。法847 Ⅲ）。会社が責任追及等の訴えを提起しないことを選択した場合、提訴請求をした株主、または責任追及等の相手方とされた者から請求を受けたときは、会社はその者に対して遅滞なく、訴えを提起しない理由を通知しなければなりません（不提訴理由通知。法847 Ⅳ。〔図表７－２〕参照）。取締役の責任追及等の場合、この不提訴理由通知をすることも監査役の役割です（詳しくは下記(2)を参照）。

〔図表７－２：訴え提起までの流れ〕

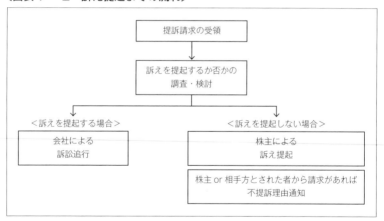

ウ　多重代表訴訟・特定責任追及の訴え

　上記**ア**で述べたように、株主代表訴訟の趣旨は、会社の役員同士の馴れ合い等により、会社の役員に対する責任追及等がおろそかになり、

会社ひいては株主に損害が生じることを防ぐことにあります。そして、この役員同士の馴れ合い等という問題は、親子会社の役員の間にも生じるものです。

　つまり、完全子会社の役員が完全子会社に対して任務懈怠責任等を負う場合、完全親会社が完全子会社の株主として株主代表訴訟を検討することになります。しかし、実際に株主代表訴訟を実行するのは完全親会社の役員であり、完全子会社の役員との馴れ合い等により、責任追及がおろそかになる可能性があります（完全親子会社の関係でない場合には、子会社の他の株主による株主代表訴訟の余地がありますが、完全親子会社の場合これを期待することができません。）。このような事態は、完全子会社に損害を生じさせることで、完全親会社にも損害が生じることになり、ひいては完全親会社の株主の損害となります。

　そこでこのような事態を防ぐために、会社法は、一定の場合に、完全親会社の株主による完全子会社役員の責任追及等を認めています。（多重代表訴訟・特定責任追及の訴え。法847の3。〔**図表7－3**〕参照）。

⑵　監査役としての対応

　⑴で述べたように、取締役の責任追及等に関する株主代表訴訟の手続において、監査役は重要な役割を果たします。そこで、取締役の責任追及等について株主から提訴請求を受けた場合における、監査役の具体的な対応を簡単にまとめます。

ア　提訴請求の受領
　会社が株主から提訴請求を受けた場合、監査役としてはまず、法定の要件を満たしているかを確認しなければなりません。

　具体的には、①請求者が提訴請求時から6か月前より引き続き株式を有する株主であるかどうか（法847Ⅰ）、②提訴請求書に「被告となるべき者」「請求の趣旨及び請求を特定するのに必要な事実」が記載されているか（法施行規則217）、③請求者または第三者の不正な利

〔図表 7 － 3 ： 多重代表訴訟・特定責任追及の訴え〕

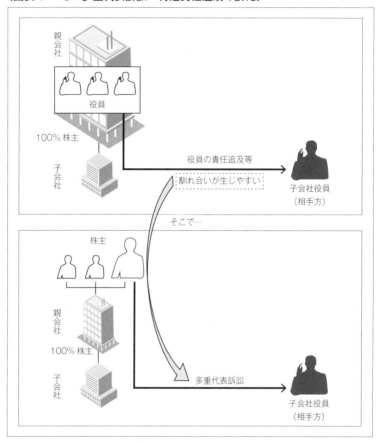

益を図ることや、会社に損害を加えることを目的としていないか（法
847 Ⅰただし書）等です。

イ　調査

　提訴請求が法定の要件を満たしている場合、提訴請求を受けた監査
役としては、60日以内に提訴請求書に記載された取締役の責任原因
の有無について調査し、責任追及等の訴えを提起するかどうかを決定
します。

一般的にこの調査は、関係資料の確認や関係者からの事情聴取等により行われます。またその際には、弁護士等の専門家から意見を取得することが相当ですが、助言を求める弁護士等は、責任追及等の相手方となる取締役と利害関係のない者である必要があります。

　このような調査を行った結果、取締役の責任原因が認められ、責任追及等を行うことが相当であるとの判断に至ったときには、監査役は会社を代表し責任追及等の訴えを提起します。

　他方、責任追及等を行わないとの判断に至った場合、上記の調査を行った監査役は、後日の不提訴理由通知請求等に備えて、調査記録を作成しておく必要があります。

　なお、このような責任追及等の訴えを提起するか否かの判断において、監査役が善管注意義務違反を問われる可能性もあります。この点、東芝事件（東京地判平成28年7月28日金判1506号44頁）は、株主から提訴請求を受けた監査委員について、取締役の責任追及のために訴えを提起するか否かにつき善管注意義務・忠実義務を負うとした上で、「監査委員の善管注意義務・忠実義務の違反の有無は、当該判断・決定時に監査委員が合理的に知り得た情報を基礎として、同訴えを提起するか否かの判断・決定権を会社のために最善となるよう行使したか否かによって決するのが相当であるが、少なくとも、責任追及の訴えを提起した場合の勝訴の可能性が非常に低い場合には、会社がコストを負担してまで同訴えを提起することが会社のために最善であるとは解されないから、監査委員が同訴えを提起しないと判断・決定したことをもって、当該監査委員に善管注意義務・忠実義務の違反があるとはいえない」としています。提訴判断について監査委員に裁量を認めつつも、「会社のために最善となる」判断が求められており、経営判断の原則の要件より裁量の幅が狭い表現となっています。この点は、監査役の提訴判断における善管注意義務にも同様に当てはまると考えられますので、注意が必要です。

ウ　提訴請求への回答（不提訴理由通知制度）

上記**イ**の調査の結果、取締役の責任追及等の訴えを提起しないこととした場合、提訴請求株主や責任追及等の相手方とされた取締役から請求されたときには、監査役は遅滞なく不提訴理由を通知しなければなりません（法847Ⅳ）。この場合、不提訴理由通知書には以下の事項を記載する必要があります（法施行規則218）。

---

① 会社が行った調査の内容（②の判断の基礎とした資料を含む。）
② 請求対象者の責任または義務の有無についての判断およびその理由
③ 請求対象者に責任または義務があると判断した場合において、責任追及等の訴えを提起しないときは、その理由

3　まとめ

社外監査役として、自己の任期中に不祥事に直面する可能性は、それほど高くはないかもしれません。しかし、いざ不祥事が発生した場合には、適切な対応をとることができなければ、会社に与える影響は取り返しのつかないものになります。

そこで、不祥事は起こりうるものという意識で、不祥事が発生していない平時の段階から、特に以下のような点に着目して、有事の際の対応を確認しておくことが重要です。

---

① 社内の情報伝達体制を確認・改善しておく（特に悪い情報ほど経営陣に情報が届いているか）
② 他社の不祥事事例の検討を行っておく
③ 不祥事の発生が疑われる場合に備えて、取締役等と利害関係のない外部専門家に相談できる体制を整備しておく

不正は通常隠れて行われるため社外監査役の立場でそのような不正の兆候を事前に察知し、不祥事を未然に防止することはほぼ不可能です。社外監査役としては、不祥事もしくはその疑いを知った後、いかに適切に対応するかが重要であり、これにより会社が失った信頼を回復するとともに損害の拡大を防止することが期待されています。

　そして、有事の際の対応において、最後に頼りになるのは、経験から得られるリスク感覚とバランス感覚です。この点において、弁護士や公認会計士、他の会社の経営者というバックグラウンドを有する社外監査役に期待されるところは大きいといえます。日頃から、このようなリスク感覚・バランス感覚を磨いておくことが、有事の際の適切な対応につながるといえるでしょう。

事項索引

社外監査役の手引き〔第2版〕

2017年8月20日　初　版第1刷発行
2023年10月30日　第2版第1刷発行

| 編 著 者 | 野 口 葉 子　春 馬　　学 |
| | 花 村　総一郎 |

発 行 者　　石 川 雅 規

発 行 所　　株式会社 商 事 法 務

〒103-0027 東京都中央区日本橋 3-6-2
TEL 03-6262-6756・FAX 03-6262-6804〔営業〕
TEL 03-6262-6769〔編集〕
https://www.shojihomu.co.jp/